埼玉の風土がよくわかる本

やさしく学ぶ埼玉地域文化論

菊池建太
Kikuchi Kenta

さわらび舎

はじめに

以前、放送大学埼玉学習センターで「埼玉の風土」と題して講義を担当させていただいた。受講生の多くは埼玉以外の出身の方で、埼玉のことをもっと知りたいというのが受講動機であった。そこで、自分が調査した地域を教材に、スライドを使用してお話ししたところ、いくつかのテーマに興味をもっていただいた。その内容をもとに現在、大学で地域文化論を担当している。気候・地形などの自然と人間の歴史的かかわりの下で、地域の生業や文化景観が形成されてきた過程を学ぶ講義である。

しかし、全国から来ている学生に埼玉のことだけを講義していると興味関心が薄くなる。そのため埼玉というローカルなことを取り上げるにしても、世界とのかかわりや、日本の中での位置づけというグローバルな視点が欠かせない。つまりローカルとグローバルの両方を併せ持ったグローカルな視点からの地域理解が必須となる。例えば、埼玉の小麦栽培を取り上げる場合、世界の中での日本の小麦栽培、さらに全国における埼玉の小麦生産、そして地域の粉食文化にもふれてゆく。そのことで地域に対するより深い理解が得られるのである。

もう一つの視点は、過去と現在をむすび、未来へとつなぐ視点である。例えば災害である。埼玉は自然災害の少ない住みよい地域であるが、油断はできない。温暖化などによる気象の極端化が進む今、防災意識の向上のためには過去の災害を読み解くことが大切になる。

そして、これから重要なのが、地域づくり、まちづくりである。今、日本の人口は東京一極集中が顕著だが、一方で地方の人口減が深刻である。少子高齢化も進んでいる。そうした中で地域創生、地域再生など様々な事業が行なわれている。特に観光業は地域における新たな成長分野である。しかし最近の国内外の観光客は、名所旧跡巡りでない、知る喜びを体験できる創造的な学びを求めている。例えば秩父地方は昔からの観光地だが、大地の遺産を保護しながら活用する「秩父ジオパーク」という視点で見つめ直すと新たな魅力がたくさん発見できる。今後は地理的視点がどの分野でも欠かせないものとなるだろう。

この本を読んだ方が少しでも埼玉のことに興味を持ち、地域のことに目を向けていただければ幸いである。

CONTENTS

第3章
埼玉の自然災害と防災 067

第4章
埼玉の水資源と産業 093

第5章 埼玉の地域おこし・まちづくり——121

第1章

埼玉の気候・気象

❶ 長瀞町／天然氷

❷ 秩父市／三十槌の氷柱

❸ 小鹿野町／尾ノ内渓谷氷柱

❹ 横瀬町／芦ケ久保氷柱

❺ 熊谷市／国内最高気温

❻ 杉戸町／防風垣

❼ 加須市／志多見砂丘

概要

埼玉の気候・気象

風土とはある土地の気候、気象、地質、土壌、地形などの総称である。中でも気候はその土地の人々が毎日かかわることで生活に与える影響は大きい。寒さや暑さは衣類や住居にもかかわってくる。また、風は生活や産業に及ぼす影響が大きく、強風が吹く土地では防風対策をしなければならない。このように風土は地域に生きる人々の歴史にもかかわってくるもので、私たちには景観として意識される。

サンシャイン埼玉

埼玉県の特徴として晴れの日が多いことがあげられる。太平洋側気候地域に属するため、冬は晴天の日が多く、年間の快晴日数は56日と全国1位である（２０１６年）。２位の群馬県は46日、３位の宮崎県は40日となっており、いかに埼玉県の快晴日数が多いかわかるだろう。ちなみに快晴日とは、空に占める雲の割合が平均で10分の１・５より少ない日のことである。埼玉県は日照時間も長く、年平均２０４２時間（１９８１~２０１０年までの平均値）と全国でも上位

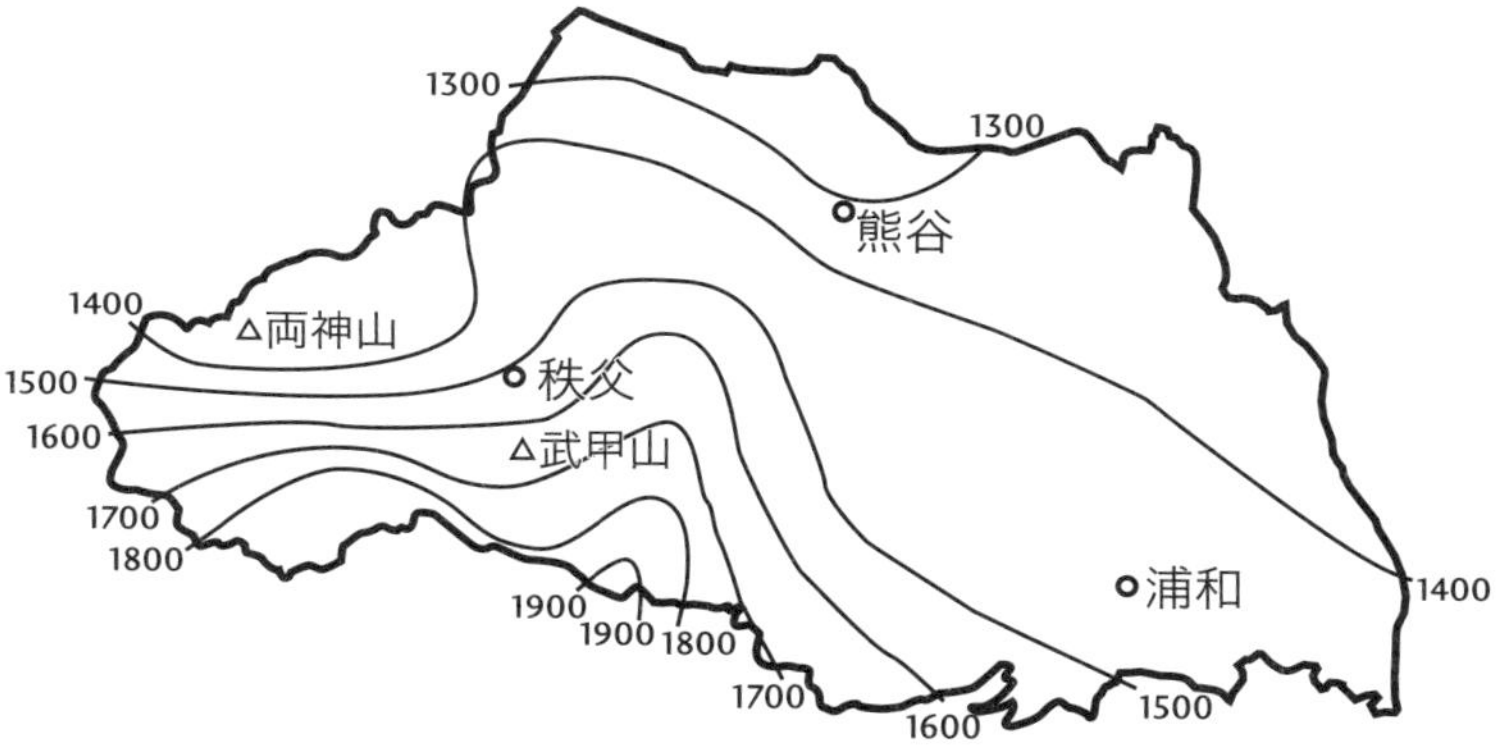

埼玉県の年平均降水量（『荒川総合調査報告書 1』を基に作成）

クラスに入る。まさに埼玉は晴れの多いサンシャイン県である。

もうひとつ埼玉県の特徴は、気温の年変化・日変化が大きく、年降水量が少ない内陸性気候であるということだ。１９８１年から２０１０年の30年間でみると、熊谷気象台の平均気温は15℃で、東京の15・4℃とほとんど差がない。ところが最高気温30℃以上（真夏日）の日数でみると熊谷が56・6日で東京の46・4日をはるかに超える。最低気温０℃未満の日数（冬日）も東京の20・5日に対して熊谷は48・2日である。いかに夏冬の寒暖差が大きいかがわかる。

降水量は年間１２８６・４㎜で、東京と比較すると約２４２㎜少ない。とくに県北西部の降水量は少なく、わが国でも屈指の少雨地域になっている。冬場は脊梁山脈を越えた季節風、いわゆるからっ風が強く吹き荒れ、風速10ｍを超えることも多く、非常に乾燥する。

地域で異なる気候

埼玉県は関東地方の内陸にあり、東西に長い県である。西部は山地が連なり、東に向かうにつれて丘陵、台地、平野と低くなっている。地形や海抜などによって気温や降水量も異なるため、気象予報区分は、平野部の北部と南部、山地の秩父地方という三つに分かれる。

平野部では南部から北部に行くに従い降水量は減少する。特に4月と10月は大きな差が生じる。どちらかといえば北部は内陸性、南部は沿岸性の特徴が見られる。

さらに秩父地方と平野部を比べると、平均気温は2〜4℃低く、7月・8月の降水量は約40㎜多い。特に8月は荒川上流の山間部では雷雨が多く、日本でも有数の雷発生域になっている。雷雲（積乱雲）は、上空に寒気が入り、地表に暑い空気の層がある大気が不安定な時に発生する。山間地では地形に沿って上昇気流が発生し、雷雲ができやすい。こうして秩父地方に発生した雷雲は南東方向に進み、下流域もしばしば雷雨に巻き込まれる。この雷雲に伴ってが降ることがあり、年に1〜2度被害を受けることがある。

盆地気候の秩父

埼玉県の中でも秩父は独特の盆地気候の特性をもっている。平野部よりも気温の年変化・

日変化が大きく、冬の寒さが厳しいのが特徴だ。例えば過去30年間（１９８１~２０１０年）の日最低気温の平均（１月）を比較すると、熊谷マイナス０・７℃、秩父マイナス４・２℃である。１９５４年１月27日には秩父でマイナス15・８℃の県内最低気温を記録した。

もうひとつ秩父地方の特徴として霧の発生があげられる。霧の発生日数は過去10年間（２００６~２０１５年）の平均で、熊谷の３・４日に対して、秩父は35・３日と大変多い。最近、秩父盆地の雲海が話題になっているが、これはいわゆる盆地霧である。秩父ミューズパークから見ると秩父盆地がまさに雲海に覆われているようにみえる。

霧は、春・秋の弱風時、雨が降った後の湿った空気が、夜間の放射冷却で冷やされてごく小さな水滴ができたときに発生する。盆地の中央を流れる荒川の水分によって蒸気霧（川霧）が発生しやすいこともある。また周囲を山に囲まれた盆地なので風が弱い。風速10ｍ以上の風が発生した日数は過去10年間（２００６~２０１５年）の平均で、熊谷11・６日に対して、秩父はたったの０・４日である。こうした霧が発生しやすい条件が重なって、雲海の絶景を生み出している。

冬季の冷え込みを利用したエコ産業

長瀞の天然氷

NHKのラジオに「音の風景」という根強い人気番組がある。あるとき厳冬期の谷間に響くシャリシャリという音が紹介された。天然氷をノコギリで切り出す音である。埼玉県秩父郡長《なが》瀞《とろ》町にある阿左美冷蔵は、1890（明治23）年創業以来、天然氷を作り続けている。現在はエンジン付きノコギリを使って切りだしており、その氷を地元でも食べることができる。

秩父鉄道上長瀞駅から歩いて数分の阿左美冷蔵金崎本店を訪ねると、豊富なカキ氷のメニューが出迎えてくれる。定番のイチゴやメロンに加え、黒蜜をかけてきな粉をまぶしたもの、あるいは小豆をのせた宇治金時などである。若いカップルやグルメ派、年配者にも大人気で、初夏から真夏のシーズンにかけては長蛇の列をなすほどだ。店内にはなつかしい氷冷蔵庫やポスター、手動の氷削り機などが置かれ、まるでカキ氷博物館といった感じである。

今では冷蔵庫で手軽に氷が作れるが、昔は貴重なものだった。明治初期、天然氷採取業は時代の先端を行く一大産業で、たとえば北海道の五稜郭の堀で作られた函館氷が有名である。秩父地域でも荒川支流の谷間に多くの採氷池があった。しかし機械製氷技術の進歩により衰退し、現在では埼玉県長瀞町、栃木県日光市、長野県軽井沢町、山梨県北杜市の4カ所のみで行われている貴重な産業となってしまった。

質のよい天然氷を作るには

天然氷を採取するには、衛生的な天然水を確保でき、厚い氷ができるほど冬季に冷え込むこと（放射冷却）が絶対条件である。秩父では、最低気温が0℃未満になる冬日の日数が青森なみである。冬季の著しい冷え込みが、質の良い天然氷を育む。

阿左美冷蔵では、氷をつくる専用の「氷池」が、長瀞町宝登山北側尾根の日陰にある。氷池はコンクリート製で、上段、中段、下段とあるが、現在は上2面が利用されている。秋の終わりに池の清掃と補修を終え、12月に源流の沢の水を掛け流した状態で入れておく。やがて夜間

阿佐美冷蔵の氷池での採氷作業

の冷え込みが厳しくなると氷が張り始める。氷が厚くなってくると、その圧力で氷池が壊れないように、毎朝池の周囲の氷を割る。寒い日が続くと2週間ほどで氷の厚さは15～20㎝になり、切り出しを待つだけとなる。

切り出しに至るまでの間に雪が降れば一晩中雪かきをして、張った氷が解けないようにする。木の葉が舞えば氷面を掃き清める。もし雨がふれば台無しになり、すべての氷を流すことになる。まさに自然との闘いである。

いよいよ切り出しの朝を迎えると、手伝いの人を交えて早朝から作業を行う。切り出し作業は、まず長い木の物差しを使い、氷面にのこぎりで横・縦に線を引く。氷の大きさは縦60㎝、横45㎝である。動力機械で切り出した氷は、軽自動車で上長瀞駅近くの本店の冷蔵庫に保管する。

解けにくい天然氷の秘密

故・東晃北海道大学名誉教授が、氷池の氷の結晶を調べたところ、機械で急速に作られた氷よりも大きな単結晶の集合体であることがわかった。それは、低温室で良質の単結晶氷を育成したときのものにほぼ等しいという。急速に冷やすのではなく、ゆっくりと時間をかけて氷を作る。そのことで不純物が少なく、解けにくい天然氷が生まれる。

私も長瀞の採氷池周囲の地面に自記温度計を設置して気温の変化を観測したことがある。調査したのは1984年1月7日～8日で、一日中採氷池に日が当たらない時期だった。16時には気温が0℃以下になり、翌日10時までの18時間はずっと氷点下である。最低温度はマイナス10・3℃で、氷の成長に適したマイナス5℃以下の状態が14時間も続く。氷池は製氷にとって最もふさわしい場所につくられていたのである。しかし最近は温暖化の影響か、冷え込みの時期が遅くなり、年1～2回の採氷で終わっていることが多いと聞く。

天然氷採取業は自然の寒さや恵みを巧みに利用した究極のエコロジー産業である。山の自然環境が維持され、豊かな腐葉土がないと美味しい水も生まれない。それだけに現場の人々は自然の変化に人一倍敏感だ。そんな自然のなかで作られたミネラル豊富な氷を割って、オンザロックで飲むウイスキーや焼酎は最高である。

小鹿野町・秩父市・横瀬町
氷柱で観光客を呼ぶ

岩手県花巻市の西方に有名なたろし滝の氷柱がある。凍った滝が円柱をなし、時には太さが6mにも達する。この氷柱の測定会が毎年2月11日に行われる。神事にのっとり氷柱の円周を測り、その年の農作物の豊凶を占う。氷柱が太いほど豊作になると言われるが、時には暖冬で氷柱ができなかったり、折れて砕けていることもある。いまではすっかり地域の行事になっており、1週間前からボランテイアの人々が滝までの道を踏み固め、駐車場を設営し、婦人部の人は甘酒の準備をして当日を迎える。同じように冬の寒さの厳しい埼玉県秩父でも、地域おこしとして脚光を浴びている氷柱がある。

天然の三十槌氷柱

荒川の源流に近い秩父市大滝。道の駅大滝温泉から荒川にそって国道140号をのぼり、宮大平地区の神社のY字路を左折して二瀬ダム方向に向かうと三十槌《みそつち》地区である。川の両側は崖になっており、南側の崖から二つの沢が流れ込んでいる。地中にしみこんだ水は石清水となり、それが凍って高さ8m、幅30mの見事な氷壁をなしている。最近地元の人がこの氷柱の横に高さ5m、幅60mの人工の氷柱を作ったが、透明度が高い天然氷柱よりも白くきれいである。

2月中旬まで夜間のライトアップをしているが、このあたりでは冬はマイナス10℃近くになる。河原もかちかちに凍っているので滑らないように注意が必要だ。近年は冬の風物詩として知られるようになり、2012～13年の冬には5万6千人の観光客が訪れている。

氷柱をつくり観光地に

冬の秩父は寒い。田んぼの雪もなかなか解けず雪国を訪れた感がする。秩父夜祭りも終わり、人もあまり訪れない厳冬期、小鹿野町・尾ノ内渓谷には氷柱を見に多くの観光客が訪れる。小鹿野町の中心部を過ぎ、国道299号線を

天然の三十槌氷柱

西におよそ30分。赤平川と尾ノ内沢の合流点にある神社の手前を左折し、約1㎞入ったところに駐車場がある。さらに歩いて5分ほどの最上部に吊り橋があるのだが、そこから眺める渓谷の氷柱は圧巻である。

両神山を源流とするこの渓谷で氷柱づくりが始まったのは6年前のこと。地元河原沢の有志が村おこしの一環で試験的に放水したのが最初である。毎年12月20日頃、沢の水を引き撒水する。厳寒期にはマイナス14℃になることもあり、常に撒水していなければホースが凍ってしまう。水量や放水角度を試行錯誤した末、ようやく現在のような氷柱ができあがった。

PRが功を奏して初年度（2009〜10年）の冬の観光客は1・5万人だった。その後も増え続け2012〜13年の冬は3万5千人にもなった。1月下旬から2月中旬までの毎週土曜日

横瀬町芦ケ久保の氷柱

は、日没から夜8時までライトアップされており、多いときには1日3千人が訪れる。地元の人が運営する売店では、無料で甘酒や郷土料理がふるまわれ身も心も温まる。

同じように横瀬町芦ケ久保でも、尾ノ内氷柱のノウハウを教えてもらい立派な氷柱が出現した。場所は西武秩父線芦ケ久保駅を下車して徒歩15分、整備された歩道を歩くと到着する。山道を登りきって上から眺める氷柱も見事である。すぐそばを西武秩父線が走っているが、通過する列車もスピードを落としてくれるので車窓からも氷柱が楽しめる。

この「三大氷柱」を巡る冬の観光ツアーが、秩父商工会議所と西秩父商工会の広域連携事業で実施されている。観光客は氷柱を見て、秩父の温泉や郷土料理を楽しむ。厳しい冬の寒さの中、訪れた人々は地元の人々の温かさに触れるのである。

COLUMN

幻の奥武蔵スキー場

地球温暖化防止対策として二酸化炭素削減が叫ばれて久しい。たしかに地球の平均気温は徐々に上昇しているが、過去100年間をみると一時的に寒い時期があった。そのため埼玉県にも天然スキー場が存在していたことがある。

場所はときがわ町西部にある刈場坂峠の北側斜面。奥武蔵スキー場と呼ばれ、標高650〜700mを中心に長さ300mぐらいのゲレンデがあった。1936（昭和11）年2月6日付けの東京日日新聞（現在の毎日新聞）埼玉版は、その様子を次のように伝えている。

「県内は38年ぶりの大雪に見舞われ、奥武蔵スキー場には積雪が55㎝、スキーに絶好のコンディションとなり、5日朝東京市内からスキーヤー約200名が武蔵野電車で乗り込み快走している」

スキー場の事業主体である武蔵野鉄道（現在の西武鉄道）は、1929（昭和4）年に飯能〜吾野間を開通させ、奥武蔵地域は東京近辺のハイキングのメッカとなっていた。昭和初期の大雪に着目した武蔵野鉄道は、1933年に秩父地方にスキー場を開設。1935年には、刈場坂峠の北側斜面の草刈り場をゲレンデとして開発した。

先述の1936年の大雪の際は、吾野駅からバスでスキーヤーが繰り出して、大変な賑わいとなり、ゲレンデの照明は、ときがわ町大野の竹《たけ》の谷《かい》集落からよく見えたそうである。

しかし、その後は降雪不足が続き短期間で閉鎖された。まさに幻のスキー場といえる。

ちなみに、西武鉄道が所沢市狭山丘陵に一大レクリエーション施設を開設し、その後人工雪の狭山スキー場を開設したのは1959（昭和34）年12月のことである。

国内最高気温を二度も更新

なぜ暑い　熊谷の夏

２００７年８月16日、熊谷で国内最高気温40・９℃を記録した。１９３３年７月25日に山形市で40・８℃を記録して以来、じつに74年ぶりの更新であった。県内でも越谷で40℃を超え、熱中症によって６人が死亡するなど猛暑日となった。この日は全国的な暑さで岐阜の多治見市でも熊谷と同じく国内最高気温40・９℃を記録している。

高温をもたらした地理的条件

熊谷や多治見が高温となった一因は、それぞれの都市が海岸から離れていて海風の影響が少ないことにある。夏の海風は、日中に涼しさを運んでくるが、内陸部では夕刻以降にしか届かない。しかもこの日は太平洋高気圧が日本海まで張り出したので、熊谷では北からの風が顕著になり、海風の進入が阻止された。さらに前日から太平洋高気圧に覆われ、日照時間も長かったことから、気温が下がらず、市街地にヒートアイランドが形成されたと考えられる。

立正大学地球環境学部の研究グループでは、領域気象モデルを用いて再現計算を行ない、当日の気象を分析して猛暑の原因を明らかにした。その報告によると、熊谷では北風によって海風の進入が阻止された状況下で、ヒートアイランド現象が起こり、さらに日本海側から越後山脈を越えてきたフェーン現象による熱風が加わり、記録的な高温になったのだという。

フェーン現象とはもともとアルプス地方の地方風に由来する。湿潤な大気が風によって山の斜面を押し上げられると、100m上昇するごとに気温が約0・55℃低下し（湿潤断熱減率）、山頂付近で水蒸気が凝結し雨になる。その後、乾いた大気が山を越え斜面を下りてくると、今度は100m下がるごとに気温が約1℃上昇する（乾燥断熱減率）。そのため風上側よりも高温で乾いた風が吹き降ろすフェーン現象が起きる。大気が上昇下降する際に、湿度の違いで温度変化の割合が異なるのが熱風の原因である。

八木橋百貨店前に設置された温度計、午前11時と午後2時の気温を手動で表示

先端を行く熊谷市の暑さ対策

この記録的猛暑を逆手にとって熊谷市では「暑いぞ熊谷」として全国にアピールし、暑さに負けないための対策を行っている。2016(平成28)年8月13日、熊谷市で全国4市の市民団体の代表が集い、「アツいまちサミット」が開かれた。参加市は山形県山形市、岐阜県多治見市、高知県四万十市で、いずれの都市も内陸か盆地にある。高知県四万十市はこの時、2013年8月12日に41・0℃を記録し、国内最高気温を更新していた。

ホスト市の熊谷市の暑さ対策の取り組みは、5本の柱からなっていた。(1)まちが暑くならない対策、(2)快晴日数日本一の活用、(3)商品開発、商品プロモーション、(4)温暖化防止の取組の応援、(5)暑さ・健康対策に関する情報の提供である。

まず(1)の取組例としては、温度の上昇を抑える工夫である。よくあるのがゴーヤによるグリーンカーテン化の推進である。ほかには道路に植物を植えられるようにしたブロック舗装や、駐車場や屋根などに遮熱性塗料を塗るなどがある。なかでも注目すべきは新しく開発された熱交換塗料で、熱エネルギーを電気エネルギーに変換して熱を消すという。これを熊谷市の保育所のテラスに塗ったところコンクリート面より18℃も温度が下がった。

(3)については食の開発がある。代表的なのが山形市の冷やしラーメン、冷やし玉コン、熊谷市のかき氷「雪くま」、多治見市の熱中症予防レシピなどである。

（4）としては長期間に渡って取り組む温暖化防止対策がある。熊谷市では地球温暖化防止活動推進センターを設置し、熊谷100年の森づくり事業を進めている。熊谷は空襲で焼け野原となり、街は道路を中心に整備されたが、水と緑が少ない。植樹活動が進み、県北の中心都市にふさわしい森林公園ができることを期待したい。

（5）の取り組みとして熊谷市では熱中症予防情報の公開データにより、学校、地域の関係者へ早めの対策、注意喚起を促している。

こうした熊谷市の取り組みは、環境省などが進める熱中症予防声かけプロジェクトにおいて最も優れた対策事業と評価され、2017年に5回目のトップランナー賞を受賞した。まさに熊谷市の暑さ対策は、日本の先端を行く取り組みだと証明されたのである。

しかし夏の気温上昇は年々速まっており、2018年7月23日には熊谷市で国内最高気温を更新する41・1℃を記録した。熊谷市は国内最高気温を二度も更新してしまったのである。この日は全国的にも猛暑となり、気象庁は「命の危険がある暑さ」だと発表した。暑さ対策はもはや待ったなしの状態である。

強風域で暮らす工夫

中川流域の防風垣

埼玉県東部の中川流域を訪ねて目にするのは、広々とした水田地帯の中できれいに刈り込まれた垣根を持つ家々である。ここは関東地方のなかでも冬の季節風が強く吹きつける地域で、とくに前橋・筑波山・東京を結ぶ扇型の地域で最も風が強くなると言われている。乾燥した「からっ風」が風速10mを超えると、湿度は25%ぐらいまで下がり、一帯は乾いた皿のようになる。そのためかつては家の周囲に屋敷林を育て、冬の防風、防火対策を図るとともに、冬季の燃料としても利用していた。

防風林から防風垣へ

しかし、住宅サッシが普及し、燃料が薪から石炭、石油へと変わると、屋敷林は落ち葉が屋根の樋につまると嫌われ、さらに田んぼが日陰になることから伐採されるようになった。代わりに防風垣（垣根の高さが屋根にあたる高垣）を育ててきた農家が多い。樹種は常緑の樫や珊瑚樹が多くみられる。珊瑚樹は高さ5～8mに達し、葉は長楕円形で厚く、光沢がある。夏の暑い時期に刈り込むと柔らかい黄緑色の葉が出てきてとても美しい。果実は楕円形で赤く熟して美しいので、これを赤い珊瑚に見立ててこの名がついたといわれる。この木が防風垣として多いのは、美観上優れているだけでなく、火事を防ぐという言い伝えがあるためでもある。

板塀やブロック塀の防風効果は風下側の狭い範囲では大きいが、ビル風のように他の部分に強風域が発生する。それに比して防風垣は風速ゼロにはならないものの、吹き込んだ風は垣根の枝葉により弱められる。この減速効果は風下側では垣根の高さの10〜25倍、風上側では8〜10倍の距離があるという。例えば高さが5mの垣根があれば、屋敷内は十分に風速が弱まる。

卓越風の調査

ある時、中川流域の冬季の卓越風向を調査を

杉戸町の防風垣

することがあった。しかし風況調査は範囲が広くなるほど人員、機材、費用がかかる。そこで防風垣の向きと分布を調べ推測することにした。まず、各市町村で作成している大縮尺の２５００分１の地図を用いて現地に行き、古くからある集落の防風垣を確認し、その向きと位置を地図上に落としていく。次に防風垣をもつ集落を半径２５０ｍ以内の範囲（10戸以上）ごとに分け、ベクトルの合成方法で卓越風向をきめる。40地区を地図から選びだし、各集落の卓越風向を地図上に矢印で記し、全体の卓越風向を推定した。

その結果、羽生市、旧栗橋町、幸手市、杉戸町では北西風が卓越していた。中川流域で旧大利根町だけ北風だったが、これは前橋方面からの北西風に那須方面からの風が合流するためと考えられた。旧庄和町や江戸川堤防沿いには北東向きの防風垣を持つ民家もみられる。こうして卓越風の流れが推測できたわけだが、風の強い地域で生きてきた人々の生活の知恵が、特色ある景観をはぐくんできたことに改めて気づかされた。

海のない内陸で生まれた
加須市志多見の河畔砂丘

昔、加須《かぞ》のむさしの村のプールに子ども連れで出かけた際、松林の中に砂山があった。たて看板を見ると、そこが志多見《しだみ》砂丘と呼ばれる内陸砂丘であることが書かれていた。

利根川が関東平野を蛇行しながら流れていたとき、その袂状部《べいじょう》（湾曲した内側）に堆積した砂が北西から吹く赤城おろしによって飛ばされ、利根川の分流であった「会の川」の自然堤防上に堆積してできたのが志多見砂丘だという。こうした河畔砂丘は、日本では例が少なく、旧利根川の他には木曽川、鬼怒川など太平洋側の大河川沿いにしか見られない。

なかでも志多見砂丘は規模が大きく、長さは２５５０ｍ、幅は２５０ｍにもなる。高度経済成長期に砂の採取で改変された河畔砂丘は多いが、志多見砂丘は当初の形をとどめている。そのため加須市志多見西、加須市志多見東、加須市志多見中央の河畔砂丘は１９７６年に県自然環境保全地域に指定された。

保存状態が良い場所としては、加須市立加須西中学校の校舎南側にある通称「松山」がある。ここでは毎日生徒が落ち葉を掃いたり、市民活動団体やＰＴＡが除草したりしている。また志多見砂丘の東側の一部は宗教法人の敷地だが、松林になっており、下草が刈られ砂地を見ることができる。この砂丘周辺に住んでいる人に聞くと、砂山の約3m下には土があるとのことで、自然堤防上に砂が堆積したことが類推される。

砂丘をつくりだした強風

志多見砂丘以外にも旧利根川沿い、現在の中川流域には、多くの河畔砂丘が分布している。羽生市上新郷砂丘、上岩瀬砂丘、砂山砂丘、加須市砂原砂丘、久喜市高柳砂丘、杉戸町高野砂丘、小淵河畔砂丘など20数カ所ある。これらの河畔砂丘を構成する砂粒を見ると、粒がそろっており、河畔に堆積した砂から飛ばされやすい粒径のものが選別され、空中でぶつかり合い、さらに小さな粒径の砂粒として積もったと考

加須市志多見の河畔砂丘

えられる。例えばJR東鷲宮駅《ひがしわしのみや》の近く、旧鷲宮町《わしみや》の西大輪《にしおおわ》砂丘の上にある東大輪浅間神社周辺は、さらさらして風で飛ぶような細かい砂地が広がる。加須市生まれの作曲家・下總皖一（1898〜1962）は、河畔砂丘をつくりだした風について次のように書いている。

「秋から冬の西北風の強さは猛烈なものである。家から学校の方角はまっすぐ東南にあたるので、夕方学校から帰宅する時はその西北風を真正面に受けるのである。私は大抵は一人で、その風に向かって突進した」（大利根町発行『利根のほとりに』）

　こうした季節風と同時に大量の砂が旧利根川により供給されたことが砂丘を作り出した。調査によると埼玉県の砂丘を形作る砂粒の種類はどれもほぼ同じで火山性の鉱物が多いという。これは群馬県の榛名山や浅間山の火山麓より大量の砂が運ばれてきた結果と思われる。また砂丘から発掘される遺物などから、平安時代末から鎌倉時代前期にかけての短い間に形成されたと考えられている。しかしなぜその時期に形成されたのか、理由はいまだよく分かっていない。

　こうした貴重な河畔砂丘を残そうと、埼玉県では「中川低地の河畔砂丘群」として一部を県指定天然記念物にしている。最近、特異な地質・地形をジオパークとして指定する動きがあるが、この河畔砂丘も十分にその価値があると思われる。

風土を反映した地名

吹上・日向・日影

地名はその土地の特徴を記した歴史情報である。ある事物に対しての相対的位置、地形や植生の特徴、開発に関わった人物名などを反映している。なかでも注目すべきは、その土地の風土を表した気候由来の地名である。埼玉県内にもいくつかあるので紹介したい。

吹上《ふきあげ》

県内に吹上地名は数カ所ある。たとえば鴻巣市吹上、この辺りは1950年代まで、自噴する井戸を持つ家があった。荒川の伏流水の賜物で吹上自噴帯ともいわれていた。そのため、吹上という地名が生まれたという説がある。

しかし、地名の研究において吹上とは、風で砂が吹き上げられるところ（海岸や河畔）、あるいは卓越風を受けやすい地形だと考えられている。韮塚一三郎は、鴻巣市吹上の場所が元荒川の自然堤防上にあり、晩秋から春先にかけて北西の季節風が激しく砂を吹き上げることから「ふきあげ」の地名が生まれたと述べている。ここは赤城おろしが山を越えて吹きつける強風域であり、現にこの地域には「砂山」、「前砂」などの地名が多い。吹上の北、忍川左岸に位置する行田市鎌形字吹上も同様の理由と思われる。また両地域とも卓越風を受けやすい地形にある。同じように左記に示した他の吹上地名も川沿いに位置し、北西の風を受けて砂が吹き上げられたと推測できる。

和光市下新倉字吹上（荒川の右岸）
川越市下老袋字吹上（越辺川の右岸）
狭山市下奥富字吹上（入間川の右岸）
日高市新堀字吹上（高麗川の右岸）
嵐山町志賀字吹上（市野川の右岸）
蓮田市閏戸《うるいど》字吹上（元荒川の右岸）

日向《ひなた》と日影《ひかげ》

山地に住む人にとって太陽の日射方向は生活にかかわる重要な要素である。高緯度に位置す

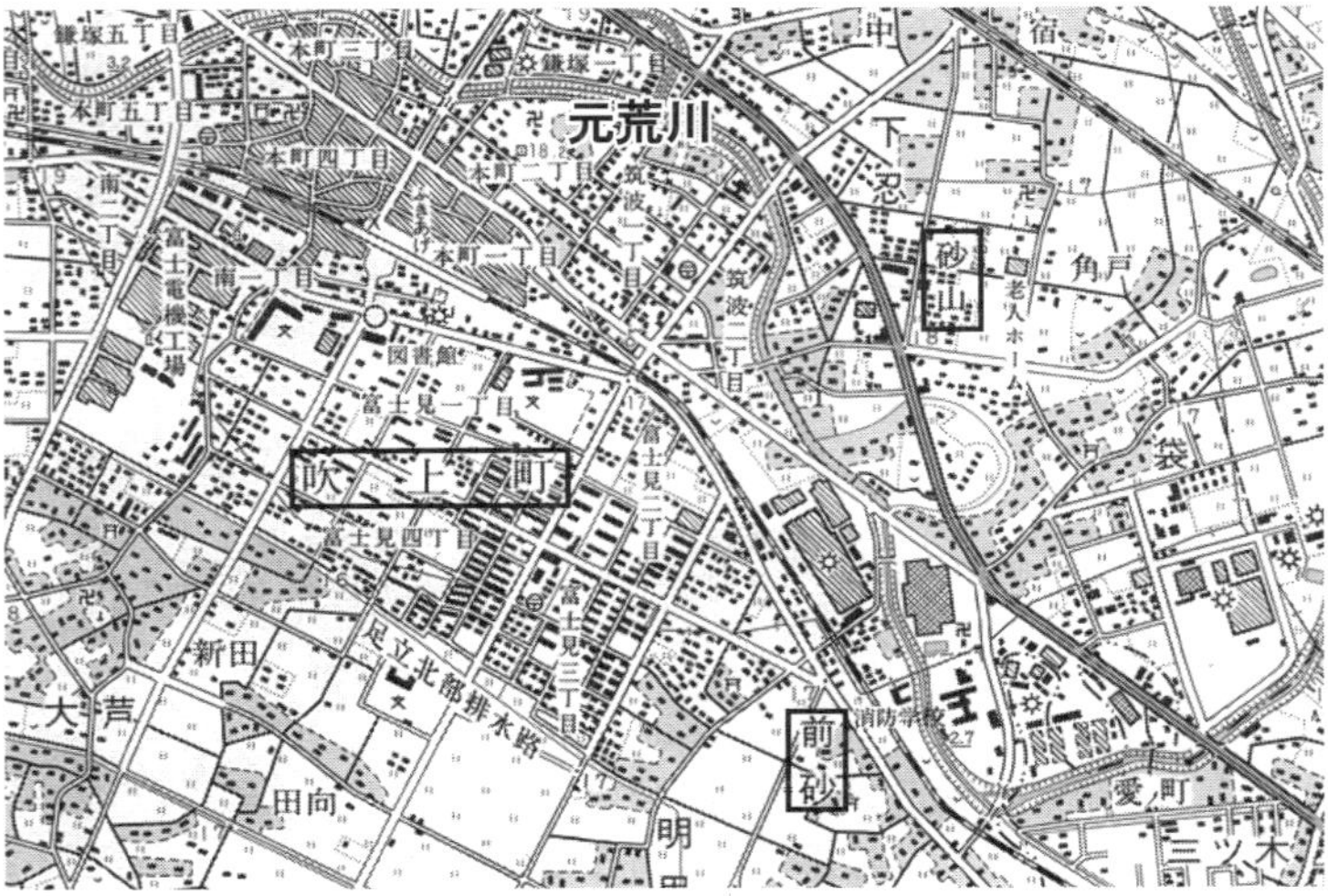

吹上町周辺には「砂山」「前砂」などの地名がある（2万5千分1地形図 熊谷に加筆）

るヨーロッパや山岳地帯のアルプス地方では日射に関係した地名が多くみられるという。気候学者の吉野正敏は、日向《ひなた》地名は長野県以東、岩手県までの山地に多く分布していると述べている。特に山岳の多い長野県が最も多い。そのため、埼玉県内では長野県に隣接している秩父地方に多くみられる。

2万5千分の1地形図から確認すると、秩父市の浦山川上流の浦山ダム（秩父さくら湖）東岸〈秩父市浦山日向〉、旧鬼石町の対岸に位置する旧神泉村〈神川町下阿久根日向〉、皆野町の秩父高原牧場西側〈皆野町三沢日向〉、越生《おごせ》町の越生梅林を過ぎた越辺《おっぺ》川沿い〈越生町小杉日向〉、日高市の巾着田北側〈日高市高麗本郷《こまほんごう》日向〉などである。

日影地名は日向地名に次いで多いが、その数は半分ぐらいだといわれる。岐阜県の東半分から長野県、関東地方（茨城・千葉を除く）、東北地方（青森を除く）に多くみられる。埼玉県内の日影地名としては飯能市の名栗川沿い〈飯能市上名栗炭谷日影〉、旧玉川村西部の雀川上流部〈ときがわ町日影〉、越生町の〈越生町麦原日影〉などである。余談だが越生町〈小杉字日向〉の対岸は〈小杉字髭海道《ひげかいどう》〉で「髭」は日影が転じたといわれる。小字を調べると越生町には麦原以外にも黒岩、大満、黒山、上谷に日影地名がある。

COLUMN

中津峡の風穴

富岡製糸場と絹産業遺産群が世界遺産に登録された際、そこに下仁田の荒船風穴《ふうけつ》が含まれた。

風穴とは岩のすき間から冷気が吹き出す天然の冷蔵庫である。岩塊が積み重なって生じたすき間に冬の冷気が入り込み、春先に雨水が入ると内部で氷柱となる。夏はその岩の間で冷えた空気が重くなって下から吹き出すのである。富士山のふもとには溶岩洞穴の風穴もある。

明治時代は、この風穴を蚕の卵（蚕種）の貯蔵施設として利用していた。群馬県内には他にもあるが、荒船風穴は日本でも最大規模であるため世界遺産に登録された。

じつは埼玉県にも風穴がある。明治大正期全国蚕種用風穴一覧表によると、長野県が89カ所と圧倒的に多く、埼玉県は次の3カ所のみである。①秩父郡大滝村大滝巣場：秩父風穴、②秩父郡大滝村大滝：大滝風穴、③秩父郡倉尾村藤倉：三田川風穴。これらの風穴は現在不明だが、秩父市の大滝図書館館長から中津川に風穴があるとの説明を受けた。

紅葉の深まった11月上旬中津川に出かけた。滝沢ダムの奥秩父もみじ湖上流、赤岩トンネルを過ぎ、さらにさかのぼり、わずか20戸の中津川地区に向かう。その集落の集会所の隣に風穴はあった。幅80㎝、高さ1mの小さな風穴で、戸板を外すと中は一坪ほどの広さで2段になっており、現在も利用されていた。夏場は、入口でも寒くて立っていられないという。風穴の背後の斜面は、崩落した岩屑が急斜面に堆積して、崖錐が発達しているようでもあった。

ちなみにこの地区では、冬の寒さと乾燥を利用し、はちや柿の干し柿づくりが行われている。軒先につるされた干し柿は冬の風物詩である。

第 2 章

埼玉の農林業

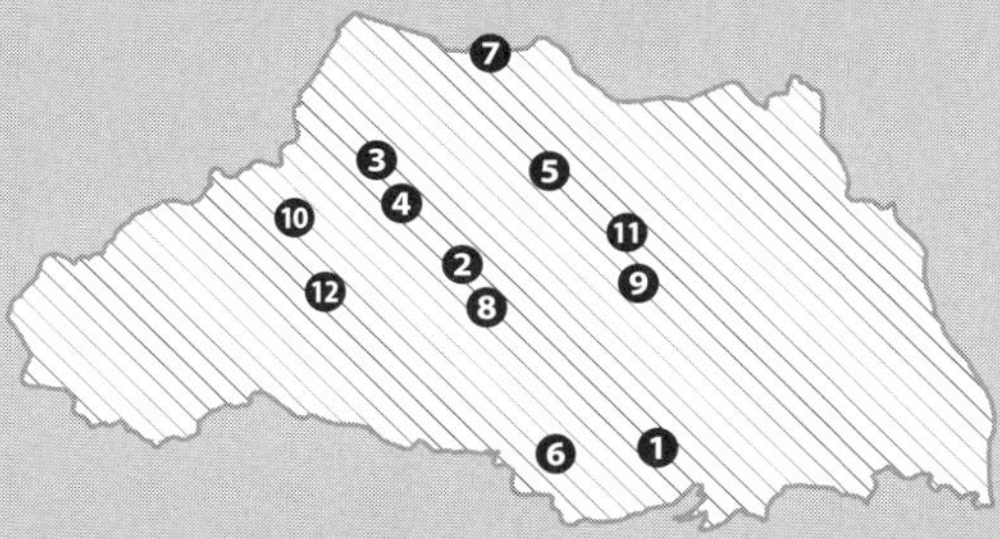

❶ 三芳町／三富新田・川越いも
❷ ときがわ町／北限のみかん園
❸ 寄居町／北限のみかん園
❹ 東秩父村／北限のみかん園
❺ 熊谷市／小麦とうどん
❻ 入間市／狭山茶
❼ 深谷市／深谷ネギ
❽ 越生町／越生梅林
❾ 川島町／いちじく
❿ 秩父市／かぼす
⓫ 吉見町／いちご
⓬ 秩父市／養蚕

概要

埼玉の農林業

近郊農業の強み

埼玉県は大消費地東京の近郊に位置しており、その地理的条件を活かした農業が発展してきた。特に新鮮さが売りの野菜・果物・花卉は、収穫した翌日には都内の店頭にならべることができるので、全国でも有数の生産地となっている。そのため埼玉県の野菜産出額（2016年）は1047億円と全国第7位である。産出額全国第1位のさといも、こまつなをはじめ、第2位のねぎ、ほうれんそう、かぶ、第3位のきゅうり、ブロッコリーなど、野菜が農業産出額（2046億円）の約50％を占める。最近は地元の農産物直売所での販売額も増えているという。野菜のほかには花卉栽培が盛んで、産出額全国第1位のゆり、パンジーや、第2位の洋ラン、チューリップなどが栽培されている。

しかし農家の高齢化や廃業などによる耕作放棄地が全国で増えており、埼玉県でも荒廃農地が3659ヘクタールある。農業就業人口も減っている。こうした事態に対し県では新規就農

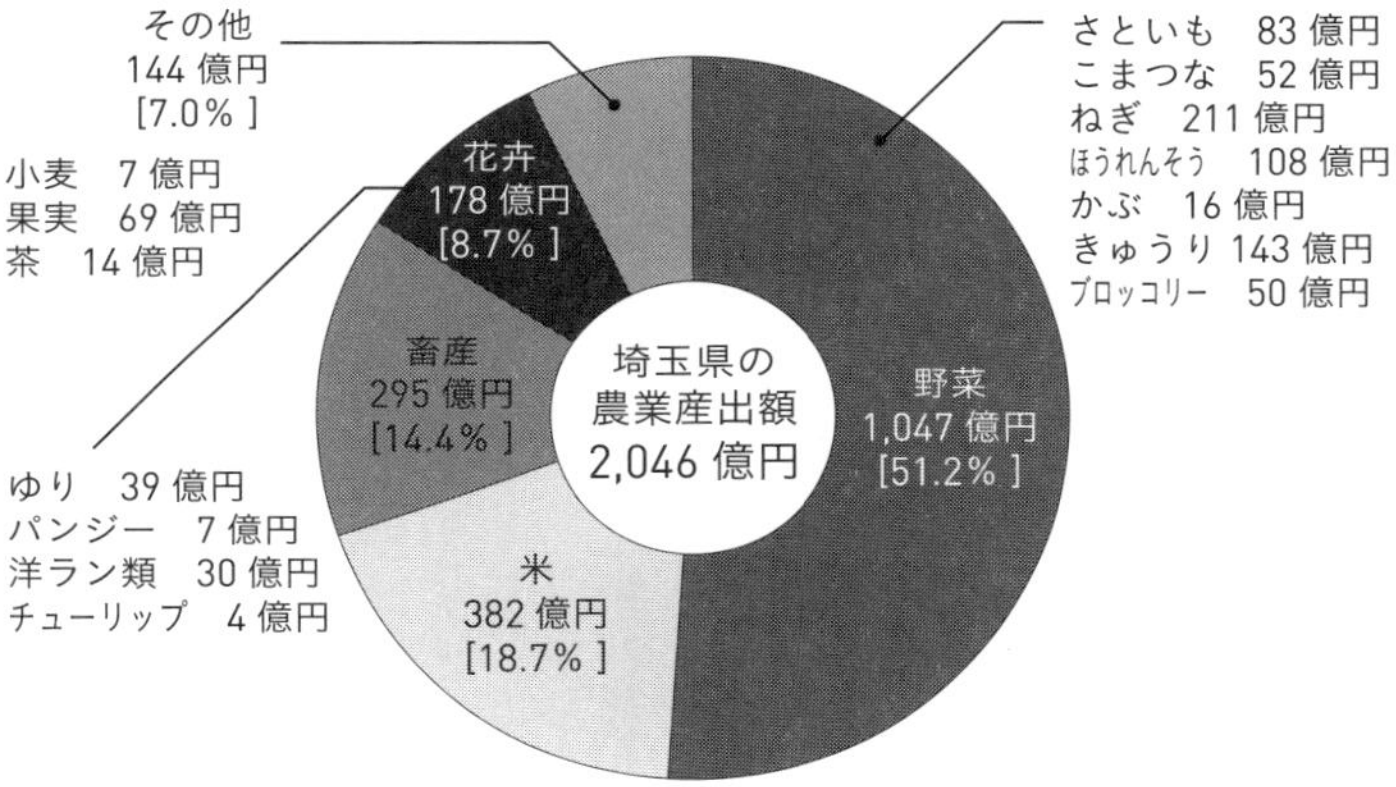

2016年　埼玉県の農業産出額（埼玉県ホームページより）

者を育てようと、さまざまなサポートを行ってきた。その結果、新規就農者は２０１６年度が２９１人、17年度が３００人と増加傾向にある。農業法人の経営類型も多様化しており、狭山茶の産地では、後継者がいない農地を法人企業が借り受け、お茶を栽培している。細分化された農地を交換し、大規模化が進めば農業生産性はさらに高まるだろう。

有機農業の先進地として

熊谷市にある埼玉県農業大学校には全国でも珍しい有機農業を学ぶコースが設置されている。そこで講師をしているのが日本の有機農業の先駆者と言われる金子美登《よしのり》さんである。

金子さんは埼玉県小川町で１９７０年代から化学肥料や農薬を使わない有機農業を始めた。農場を経営しながら販路を確立し、醤油やお酒などの地場産業とも連携しながら有機農業の普及に努めている。金子さんの農場では国内外からの研修生を受け入れており、世界的にも注目されている。なお、日本における有機農産物、オーガニック食品の市場規模は１３００億円だが、世界市場規模は11兆円にもなる（２０１６年）。市場規模は年々右肩上りであることから、今後日本の有機農産物も伸びてゆくことが期待されている。

森林の保全活用を目指す

日本の森林面積は国土面積の約３分の2を占める。埼玉県も県土の32%が森林となっており、飯能市を中心とした県南西部の林業地では、江戸時代より「西川材」と呼ばれる優良材を供給してきた。秩父にも「秩父材」と呼ばれる地域材がある。

秩父の「MAPLE BASE」では地元産カエデから作ったシロップを製造・販売している

しかし木材価格の低迷により、林業の採算性が悪化し、適齢期にも関わらず伐採されない樹木が増え、森林が荒廃している。森林には木材の供給だけでなく、水源の涵養、土砂災害の防止、二酸化炭素の吸収・貯蔵、保健・休養などの役割がある。私たちの生存を大きく支えている森林の保全活用は社会的な課題である。

そこで埼玉県では、林道の整備、高性能林業機械の導入、森林の集約化を進めると共に、県産材の利用を促進するさまざまな施策を行ってきた。たとえば公共施設の木造化である。飯能市では地元の西川材をふんだんに使い、小学校や図書館を改築している。その結果、木のぬくもりが感じられる建物ができあがった。秩父市では木材のＰＲと共に、秩父に多く自生するカエデの樹液、メープルシロップを使った商品開発に取り組んでいる。そうした新しい林業のあり方に注目が集まっている。

日本農業遺産認定

落ち葉堆肥で作る川越いも

埼玉県三芳《みよし》町上富にある高校時代の恩師の家を訪ねると、ずいぶん細長い敷地だと感じた。それが三富新田の土地割りだった。三富新田は三芳町に属する上富（かみとめ）、所沢市に属する中富（なかとみ）、下富（しもとみ）からなる。位置的には西武線と東武東上線の中間に位置し、都市化が進まなかったことなどから、江戸時代以降の土地割りが残っている。

歴史を残す三富新田

中世、三富地域のある武蔵野台地は、「行く末は空も一つの武蔵野に草の原より出づる月影」とうたわれる未開の草原地帯で、周辺農民に堆肥用の草や薪を供給する入会秣場《いりあいまぐさば》（採草地）として使われていた。最近、三富新田の落ち葉堆肥農法が循環型農業として注目されているが、草や落ち葉を堆肥にする農法は、はるか昔から行われていたのである。

近世になってから荒川沿いの東部地域の人々によって武蔵野台地の開拓が始まり、川越藩主の松平信綱が１６５５（承応４）年に野火止用水を開削することで新田開発が進んだ。

1694（元禄7）年に川越藩主となった柳沢吉保は、武蔵野台地に残されていた入会秣場の開発に着手する。これが今の三富新田である。吉保は第5代将軍徳川綱吉の有能な側近として重用され、地元住民からも慕われており、現在も上富祭りの山車の人形として残されている。

三富新田の対象地域は約1000ヘクタールで、工期は3年かかった。まず幅6間（約11m）の道を通し、道の両側を間口40間（約72m）、奥行375間（約675m）の短冊状に区画し、一戸当たり5町歩（約5ヘクタール）ずつ配分した。そのため集落は道路に沿った路村形態をなしている。

1戸の土地利用は、道路に面して屋敷地、その次は耕地、いちばん後方を雑木林としている。雑木林にはナラ、エゴ、赤松などを植えた。苗木から育てると7～8年で成長するとい

短冊状の土地割りが残る三富新田（提供：三芳町教育委員会文化財保護課）

う。屋敷地の周囲には、竹、けやき、杉、ひのき、樫など、それぞれの用途を考えて植えている。例えば竹は、根を張り地震に強く、竹かごなど竹細工の材料に使える。

開拓地は赤土の草原のため抜根を伴うような重労働の作業はなかったが、関東ローム層はやせた土地である。当初は雑穀をつくり、やっと生活できる状態であった。肥沃な土地にするため、人々は晩秋になると大きな籠を背負って枯葉を集め、長い間堆肥づくりを行なってきた。籠いっぱいの枯葉の重さは70〜80kgあったという。その後さつまいもの栽培が伝わり徐々に生活が豊かになった。

日本農業遺産に認定

三富地域では広い農地を活用し、現在ではさつまいもに加え、野菜、お茶などを多角的に生産している。全国でみると、さつまいもの作付面積は第1位の鹿児島県が全体の33%を占める（２０１６年）。その多くは醸造用で、有名なのは焼酎の原料としてのコガネセンガン品種である。鹿児島に次いで作付面積が多いのは茨城、千葉、宮崎で、埼玉県は第10位となっている。しかし、知名度でいえばなんといっても川越いもが有名だ。

川越いものルーツは江戸時代にさかのぼる。１７３５（享保20）年に青木昆陽が栽培方法を確立してから16年後、川越藩内（現在の所沢、三芳地域とその周辺）で栽培が広がった。江戸市中では焼き芋が大人気で、川越のさつまいもは新河岸川の舟運で江戸に運ばれた。そのため川越とさつまいもが結びついたのである。

今、三芳町の上富地区では「三芳町川越いも振興会」を起ち上げ、落ち葉堆肥を使った伝統的なさつまいも栽培に取り組んでいる。埼玉生まれの紅赤種は、落ち葉堆肥をすきこまないと良いものができないという。上富地区のケヤキ並木沿いの生産農家は、「富の川越いも」と書かれた幟旗をたて、畑でとれたさつまいもを販売している。その保存法は昔ながらの室《むろ》を利用した方法だ。

関東ローム層に適したベニアズマや紅赤品種は、甘みと鮮やかな紅色があるので和菓子にも利用され、最近は大手製パン会社が川越いもを使った菓子パンを発売している。また小江戸川越のシンボル「時の鐘」近くではサツマイモチップを売っており、大人気で行列ができるほどである。

埼玉県では、この「落ち葉堆肥農法」の世界農業遺産登録を目指し、3市1町（川越市・所沢市・ふじみ野市・三芳町）で協議会を立ち上げた。世界農業遺産は、環境を活かした伝統的な農業システムを認定する国連の制度で、日本では11カ所の地域が登録されている。そうしたなか、2017年に「武蔵野の落ち葉堆肥農法」が日本農業遺産に認定された。

400年以上つづく栽培地
北限にあるみかん園

晩秋になると埼玉県内各地の庭先でも黄金色に実ったみかんを見ることができる。最近は温暖化の影響や品種改良の成果で甘いみかんが収穫できるようである。

埼玉県では県西部地方のときがわ町大附地区、東秩父村堂平地区、そして寄居町小林・風布《ふうぶ》地区などで桑園から転換した観光みかん園が開かれている。とくに、風布地区は隣接する小林地区とともに北限のみかん園として知られている。寄居町風布地区は現在、みかん組合の戸数は20戸、栽培面積は12・8ヘクタールある。

歴史ある福みかん

秩父鉄道波久礼《はぐれ》駅から徒歩1時間、あるいは車で皆野寄居有料道路の寄居風布ICを降りると、目の前に風布のみかん山が開ける。みかん園を訪れ、ここの澄んだ空気と眺望に満足した家族連れのリピーターが増えているという。各農家では庭先の休憩場所に、お茶うけの漬け物などをサービスで提供している。

お勧めの土産は「福みかん」という小さなみかんの枝売りである。在来種でたくさんの実がなるので、戦前は縁起物として秩父夜祭りや関東近県の酉の市で売られていた。樹齢が百年を超すものもあり、青々と茂った樹は高く、はしごをかけて枝切りをする。みかんの皮は、うどんやそばの薬味として香りも良く好評である。この福みかんはJR八高線沿いの外秩父山麓にも点在しており、鉢形城を支配した北条氏によって天正年間（1573～1593）に小田原から持ちこまれたと言われる。

冬場でも温かい地形

現在みかん園で栽培されている温州みかんは、細かく分類すると40種あまりになると言われるが、栽培にあたっては気温と風が重要となる。特に最低気温がマイナス5℃を下回らない

斜面に広がる寄居・風布地区のみかん園

ことが重要だ。冬の乾いた風は葉の表面温度を下げ、落葉が進むことになるので風対策も必要である。しかし前述した県内の三つの地域は、集落の背後に尾根が走り風を防ぐ役割を果たしている。さらにみかん園のある斜面をみると寄居町小林地区は東南東、風布地区は南東、ときがわ町大附地区は南に面して日当たりがよく、いずれの地域も日中はぽかぽか陽気だ。もうひとつは冬場の逆転層である。

寄居町風布地区で斜面の気温を調べたことがある。1976（昭和51）年1月24日から26日の2日間、大寒の時期である。谷底から斜面上部まで150mの間に最低温度計を5カ所設置した。その結果、二日間とも下部の谷底の気温が低く、上部の斜面の気温が高い逆転現象が生じていることがわかった。通常は高度が上昇するにつれて気温が低くなるのに、逆に高くなるのが逆転現象である。夜間の冷え込みは著しいが、二日間とも斜面中腹の気温の方が3℃から5℃高い。このため、中腹のみかん園は冬季も霜除けがいらないほどである。最近は温暖化の影響もあり、みかん園の分布はかなり下方にも広がっている。

埼玉の食文化の基礎にある
小麦とうどん

埼玉県は日本有数の小麦生産地で、県北の小麦畑は象徴的な風景である。晩秋にまかれた小麦は、冬の寒風の中を育ち、早春からの一雨ごとに緑が濃くなる。6月上旬の梅雨の晴れ間には、コンバインが出動して黄金色に実った小麦畑を一気に刈り取る。そのあとの麦畑は耕され、水を溜めて田植えが行なわれる。この麦作と稲作の二毛作は、土地を効率的に使うと同時に、麦畑に生えるイネ科の雑草カラスムギの侵入を防ぐ先人の知恵である。

ちなみに麦には4種類あるが、埼玉ではパン・麺用の普通小麦が収穫量の8割以上を占め、残りがビール用の二条大麦、麦茶用の六条大麦、麦飯用の裸麦となっている。埼玉県で長く栽培されてきた小麦は「農林61号」であったが、連作や暖冬の影響などから収量が落ちており、新たな品種「さと

熊谷の小麦収穫風景

のそら」に転換をしている。

小麦は西アジアが原産地で、乾燥地帯や寒冷地で栽培されることが多く、高温多湿な風土には適さない。日本の場合、収穫期が雨季にあたり、収量は天候に左右されやすい。日本の小麦自給率は１９６０年頃は約４割であったが、現在は安くて良質な外国産が輸入され自給率は約12％（２０１６年）である。輸入先は米国、カナダ、オーストラリアで輸入量の95％を占める。

日本国内の生産量は90万４９００トン（２０１７年）で、北海道が全国の67％を占め、以下福岡、佐賀、愛知、群馬と続き、埼玉は第6位である。埼玉県内の主な産地は、冬に晴天が多く、乾燥している県北地域である。熊谷、深谷、行田、鴻巣、本庄で県内生産量の65％となり、なかでも熊谷市が作付面積、収穫量とも群を抜き、県内の生産量の33％を占める。熊谷市の生産量は全国でも上位に位置しており、本州以南の市町村別では熊谷が第一位である。

小麦の歴史では、熊谷市東別府生まれの権田愛三《ごんだあいぞう》（１８５０～１９２８）が有名である。明治時代後半、麦の生産向上のため麦踏み、土寄せ、などの技術改良を図り、その技術を全国に広めたので麦王《ばくおう》（麦翁）とも言われている。

東のうどん県

熊谷では、地元産小麦で作ったうどんを地産地消する取組みが進んでいる。中心となっているのは小麦の生産、加工、流通業者で構成する「熊谷小麦クラスター研究会」だ。熊谷産小麦を50％以上使用している「熊谷うどん」を認定し、のぼり旗のあるお店で食べられるようにしている。２０１7年11月には、熊谷スポーツ文化公園で「第7回全国ご当地うどんサミットｉｎ熊谷」が開かれた。国内産小麦を使った30店舗が出店し、会場には２日間で10万人が来場し、県内からは熊谷うどん、加須うどん、深谷の煮ぼうとう、所沢の肉汁うどんが出店した。

埼玉には江戸時代からの多様なうどん文化が残っている。たとえば川島町には伝統的な冷やじるうどん「すったて」がある。桶川市にある明治末創業の「大木うどん」は、巾２㎝厚さ８㎜ほどの極太うどんとして有名で、もり・煮込ともに噛んで食べる。川越から騎西方面に行く運送業者が途中で立ち寄るので、腹持ちのよいものとして考えられたという。最近有名になった鴻巣の「川幅うどん」は日本一広い川幅に因んで作られ、麺の巾が８㎝もある。

さらに埼玉県は、うどんの生麺、ゆで麺の合計生産量が香川県に次いで全国2位（米麦加工食品動向２００９年）である。香川県が西の「うどん県」ならば、埼玉はまさに「東のうどん県」と呼ぶにふさわしいだろう。

桶川の極太うどん

COLUMN

春日部の麦わら帽子

埼玉県熊谷市出身の小説家、森村誠一の『人間の証明』では、西條八十の「帽子」の詩が重要な役割を果たす。

「母さん、僕のあの帽子どうしたでせうね？　ええ、夏、碓氷から霧積へゆくみちで、谿底へ落としたあの麦稈帽子ですよ」

日本での麦わら帽子の二大産地は岡山県と埼玉県春日部である。かつて春日部一帯は全国有数の麦の産地で、農家では大麦の茎を帯状に編む麦わら真田を副業として生産し、それを輸出していた。１８７８（明治10）年頃に輸出がストップされると、１８９２（明治25）年頃から手動のミシンを輸入して帽子づくりが始まり、労働用帽子の産地として全盛を極めた。１９５０年頃、市内には20余りの工場があり注文に間に合わない忙しさであったという。その後、急激な経済成長と農家数の減少により、労働用帽子の生産は下降していく。

春日部では、老舗の田中帽子店が健在で現在第５代目である。材料は中国産の麦わら真田を使用し、汗止めやリボンなどは以前と同じく服飾関係の問屋から購入している。製品としてはレジャー帽子が年間総生産の７割を占める。幼稚園児の帽子にはかわいいものもある。

春日部市では麦わら帽子をＰＲ

最近は夏の気温が高くなっているせいか、帽子店への納期が以前に比べて早まっているという。暑い夏の外出時に麦わら帽子は最適である。最近はファッション小物として注目されており、ネットでの注文も多いという。春日部市でも麦わら帽子を伝統工芸品としてＰＲするイベントを行っている。

北限の茶の産地
甘く濃厚な狭山茶

日本で三大銘茶と呼ばれる茶の産地は静岡、宇治、狭山である。ここでいう狭山茶とは埼玉県下で栽培される茶の総称である。茶は温暖な気候帯に生育する照葉樹の一種であり、埼玉県は産業として成り立つ茶の産地の北限地帯にあたる。このため狭山茶の摘採（茶摘）時期は他産地より遅く、5月上旬～中旬頃がピークとなる。また他産地の摘採が3～5回なのに対し、狭山茶は1～2回のみである。そのため収量は少ないものの葉肉の厚い茶葉が収穫できる。

この茶葉に強い蒸しと火入れ加工をすることで、甘く濃厚な味の茶に仕上がる。地元では「色は静岡、香りは宇治よ、味は狭山でトドメさす」とうたわれるほどだ。品種は「やぶきた」が70%余りを占めるが、茶業試験場では耐寒品種の開発・育種も行っており、最近は10月に収穫する秋冬番茶もある。ちなみに日本の茶栽培面積と荒茶生産量（2016年）は、静岡、鹿児島、三重の三県で全国の75%を占め、埼玉県は茶栽培面積で全国第8位、荒茶生産量は第12位となっている。

埼玉県で茶の栽培が始まった時期については諸説あるが、本格的な栽培は江戸時代後期である。栽培地の武蔵野台地は、砂礫層の上に、火山灰でできた関東ローム層があり、雨水がすぐに浸み込む稲作に向かない土壌であった。そのことが水はけの良い土地を好む茶の栽培に適していた。また消費地の江戸に近いことも好都合だった。幕末に横浜が開港されると茶は生糸に次ぐ輸出品となり、1875（明治8）年に入間市の茶業者により「狭山製茶会社」が設立される。それを機に狭山茶の名称が広まった。

自園・自製・自販の狭山茶

現在、埼玉県の茶栽培は入間市が中心で、所沢、狭山の3市で7割を占める。なかでも入間市金子地区は一面の茶畑が広がっている。5月の新緑シーズンには鮮やかな緑色の絨毯を敷き詰めたようで、見晴台からのながめはすばらしい。

入間の茶畑

今から約80年前の1937（昭和12）年の金子地区の土地利用図を見ると、台地の北半分は養蚕用の桑畑と畑が中心で、南半分は堆肥・薪炭用の雑木林となっている。1967（昭和42）年になると、薪炭用の平地林が急激に消え、畑に転換され、畑の境に植えられていた畦畔茶が本茶園として点在するようになる。その後、1970〜80年代に茶の栽培面積と生産はピークを迎え、埼玉県全体では3000トン近い生産量となった。一面の茶畑はこの頃につくられた。

この茶園を訪れると電柱の上に扇風機が取り付けられているのが見える。これは寒さに弱い茶に遅霜がつくのを防ぐ防霜ファンである。冬から早春にかけての夜間は、地表より上方の方が温かい気温の逆転現象が生じる。そこで高さ6〜7mの位置に取り付けた扇風機を回し、上方の温かい空気を下方に吹き下し冷え込みを和らげるのである。

こうして収穫された茶を自分の製茶工場で製造加工し、自家の店舗で販売する「自園・自製・自販」が狭山茶の特徴である。これは現代農業でいわれている六次産業化の先取りであり、規模の小さい狭山茶が熾烈な競争の中で生き残っていくための知恵である。丁寧につくられた狭山茶は店舗ごとに独自の味や風味があり、「作り手の顔が見える商品」となっている。

入間市では茶畑と丘陵を歩くハイキングコースも設定されている。歩いたあとは入間博物館で狭山茶の歴史を学び、狭山茶でのどを潤すのもいいだろう。

全国的なブランド野菜

甘味あふれる深谷ネギ

深谷ネギは埼玉県の農産物のなかで全国第2位の生産を上げているブランド野菜である。作付面積では全国第1位で、当然県内野菜の作付面積で最も多い。なお「深谷ネギ」とは品種のことではなく、深谷市を中心に栽培されるネギの総称である。一説には明治期に千葉からネギを導入したといわれ、深谷市豊里地区が最初の栽培地である。とくに豊里小学校周辺の新開地区、飯玉のものは美味しいと言われる。

深谷では江戸時代に盛んだった藍作が衰退すると、代わりに養蚕や野菜栽培が増え、明治30年代には本格的に深谷ネギの栽培が始まった。明治末、味のよい深谷ネギは評判となり、近隣だけでなく東京市場でも販売されるようになる。全国的に有名になったのは、土ネギを東北地方や北海道に売り込み、好評を得たことに始まる。

ネギ栽培に適した土壌

現在の深谷ネギは、発祥地である深谷市豊里地区だけでなく、熊谷市妻沼地区、本庄市でも栽培されている。いずれも利根川の沖積低地で、肥沃な土壌が広がる。最近は高崎線が走る台地面でも多く栽培されている。ネギ畑の土壌は通気、排水、保水性が求められ、台地と低地でも味に違いがあるという。

深谷ネギは根深ネギのため、5月に苗を植える際、深さ20~30㎝、幅15㎝の溝に定植する。畝幅は100㎝未満である。夏場には除草し、白根の部分を長くするため、畝の間の土を根本にかける土寄せを出荷まで3回ほど行なう。台風などの雨には弱いので、溝を切り、排水をよくすることが大切である。

11月末頃、土の中の白い部分が30㎝ほどになると土付きネギの出荷が始まる。土付きではなく白ネギで出荷する場合は、コンプレッサーで皮を削ぎ落として、太さと白い部分の長さで等級を決めて出荷する。こうした畝の間の溝掘り

深谷市豊里地区のネギ畑

から植え付け（定植）、収穫までの一連の作業は機械化され、省力化が進んでいる。

ネギは通年需要があるが、端境期は夏場の5月〜10月の半年ほどである。近年は夏場でも出荷できるようになっているが、なんといっても美味しいのが秋冬ネギである。冬の寒さで甘味が増し、さらに太陽の光を浴びてショ糖がつくられる。そのため焼いても煮ても甘味があり、どの家庭でも欠かせない季節の野菜となっている。

土付きネギは長期保存ができるので、冬場の道の駅や高速道路のサービスエリアでも手軽に買うことができる。なお深谷ネギの発祥の地、深谷市豊里地区の近くには渋沢栄一関連史跡もあり、そうした歴史に触れながら、産直市場で採れたての深谷ネギを購入するのもおすすめである。

梅サミットの開催地

関東三大梅林の越生

「うめのかをそでにうつしてとめたらばはるはすぐともかたみならまし」（紀貫之）

新年を迎え光の春といわれる2月になり、待ちどおしいのは梅の開花情報である。埼玉県内で梅といえば関東三大梅林の一つ越生《おごせ》梅林が有名である。梅の香る道を散策すると日の光とともに春の到来を感じ心和《なご》む。そのため冒頭にあげたように梅の和歌は古今集を中心に大変多い。

越生の梅の歴史は古く、一説には南北朝時代の観応年間（１３５０~１３５２）に太宰府から菅原道真の霊を梅園神社に分祀し、梅を植えたのが始まりといわれている。江戸時代には越生で作られた梅干しが江戸市中に出回り、絹とともに知られていた。

県内屈指の梅の産地

越辺《おっぺ》川沿いの梅園内には１０００本を超える梅が植えられ、花の咲くころは見事である。ここは観梅とともに生産畑も兼ねており、他の梅林も含めると越生町の梅栽培面積はおよそ40ヘクタールある。越生町は梅の実の全国的な産地ではないものの、埼玉県内では屈指の産地で、年平均約225トンの生産を誇る。そのため毎年開かれている全国梅サミット協議会加盟11市町のうちの一角を占め、2013年3月には越生で第18回全国梅サミットが開催された。

梅の種類は多く、現在全国で登録されている品種は約50種になる。中でも代表的な品種は和歌山県の南高梅であるが、越生で栽培されている梅の8割は白加賀種である。白加賀種は、実の粒が大きく、果肉がくずれにくいので梅酒用、梅干用に適しているという。最近は越生の在来種で梅干し用に優れている紅梅《べにうめ》種を増やしブランド化しようとの取り組みが行われている。なお、越生の梅干し作りは昔からの方法で塩分12%である。

よい梅をとるためには8月下旬から9月上旬の夏季剪定と、11月上旬から12月下旬までの冬季剪定が大事で、枝を切り風通しを良くする。

関東三大梅林の一つ越生梅林

同時に施肥も年4回行う。

こうしてできた梅の実は手作業で収穫され、等級分けされる。その後はＪＡを通して市場に出荷されるか、越生特産物加工所に納入される。加工所は第三セクター方式で運営されており、特産品である梅・ユズの製品はジュースなどを含め31種類ある。近隣の直売所で販売される梅製品も多い。

１９６１年に果樹農業特別措置法の制定により、果樹の栽培と流通が促進され、翌年酒税法改正により家庭で梅酒が作れるようになると、梅の需要が急増した。しかし近年は、梅の消費量の減少や、生産者の高齢化などの問題が生じている。こうした状況に対して２０１６年３月、越生町で初の「全国梅生産者女性サミット」が開催された。梅の生産に携わる女性が全国から集まり、新商品の開発など生産振興策を話しあった。人口１万２千人の町であるが、梅を通じた新しい動きが起こりつつある。

特色ある果物栽培

イチジク・カボス・イチゴ

川島《かわじま》町のイチジク

イチジクは中近東や地中海沿岸が原産地といわれ、トルコが最大の生産国で世界の生産量の4分の1を占める。日本では愛知県が第1位の生産地で、和歌山、兵庫、大阪などが続く。海外では乾燥させてドライイチジクやジャムやペーストにするのが一般的だが、日本では主に生食である。生のイチジクは痛みやすいゆえ、埼玉県では首都圏の消費地に近いメリットを活かした栽培が行なわれている。かつては騎西町（現・加須市）が県内の主産地であったが、樹木の老化などにより、最近では川島町の生産が急増し、2014年に県内生産の53％を占め第1位となった。品種は柔らかくて大変おいしい桝井ドーフィン種である。

川島町での栽培の歴史は大変新しく、同町では米とイチゴに次ぐ第3の特産品にしようと2006年に川島町いちじく生産組合を設立し、苗の無料配布を行うなどして栽培拡大に努めてきた。その結果、2015年現在の作付面積は約3・5ヘクタール、生産量は年間70トンとなっている。組合員は24名（2017年は29名）で、平均年齢は64歳となっており、定年退職前後の人々が主な就農者であることを示している。イチジク栽培は米などに比べ比較的容易で、栽培費用も少なくて済み、植樹から摘採までが2〜3年と短い。しかも米の10倍ほどの反収があることから新規就農者にとっても取り組みやすいといえる。

イチジクは食物繊維やカリウムなどを多く含み、健康食品としても注目が集まっている。生産組合では、さらに生産者を増やし、品質を向上させ、付加価値を高め、六次産業化によって収入を上げていく考えだ。そのため川島町も女子栄養大学と提携してイチジクの加工商品の開発を進めている。

秩父のカボス

カボスは有機酸含量が非常に高いため生食に適さず、ポン酢などの酸味料として利用される。もともとは大分県臼杵市で栽培されていた柑橘類であるが、埼玉県でも小鹿野町、秩父市吉田地区で栽培している。今から約20年前、大分出身の小鹿野警察署長が、大分と秩父の気候が似ていると言ってカボス栽培を提案したのが始まりだといわれる。

秩父市吉田地区のカボス

秩父市吉田地区では耕作放棄地対策として、2000年からカボス栽培を始めた。現在は山の南側斜面中腹に1600本以上の木が植えられている。収穫は他の地区より遅く9月から11月中旬まで続く。収穫されたカボスは近くの道の駅「龍勢会館」に出荷され、果汁をかけた焼き椎茸や、ゆず胡椒も売っている。こうした新たな特産品造りは収穫量がわずかであっても秩父地域の新たな村起こしにつながる。最近では地元の天然水とカボスを使用した「秩父かぼすサイダー」も販売され好評を博しているという。余談になるが、秩父市吉田地区で秋の青空に打ちあげられる農民ロケット「龍勢」は全国的にもめずらしい祭りで、2018年に国指定重要無形民俗文化財に指定された。

埼玉のイチゴ

現在のイチゴの生産全国1位は栃木県で、「とちおとめ」品種がよく知られている。しかし、かつては埼玉県がイチゴの生産全国一を誇っていた時期があった。1950年代に埼玉県では米国産のダナー種を導入し、水田裏作作物として栽培を開始。埼玉ダナーと呼ばれ広く流通していた。当時は露地栽培で収穫時期は3月から5月の短期間であった。

次第に品種改良と農業用ハウスでの栽培が進み、現在の品種は「とちおとめ」や「やよいひめ」が主流で、11月中旬から6月中旬までが出荷時期となっている。イチゴは種をまいて育てるのではなく、親苗からランナーと呼ばれるつる状の茎が伸び着地したところから子株が生まれる。子株からは孫株が育ってゆく。そのため良い親苗をつくることが重要となる。

埼玉県内では川島町、吉見町、久喜市菖蒲地区、加須市大利根地区、秩父地域がイチゴの主な産地となっている。なかでも吉見町は県内第一の生産量を誇り、通称「いちご街道」では生産者の直売所が立ち並ぶ。現在は加工商品の開発も含めたブランド化に町全体で取り組んでいる。

けれども、こうして栽培されるイチゴのほとんどが他県の品種である。栽培するには特許と同じようにロイヤリティを支払わなければならない。そこで埼玉県ではオリジナル品種として「かおりん」（埼園い1号）と「あまりん」（埼園い3号）を開発し、2017年に販売した。収穫量は他品種より少ないものの糖度は「とちおとめ」を上回るという。

首都圏に近い埼玉県には観光イチゴ農園が多く、複数の品種が楽しめるところが増えている。とくに秩父は内陸性の気候で冷え込みが厳しく果肉がしまっていておいしいといわれる。そうした観光農園では、収量よりも味を重視した新品種が喜ばれることだろう。

吉見町のイチゴ栽培

新しいブランドの開発

移り変わる養蚕業

日本は1909（明治42）年に世界第一の生糸輸出国に成長し、高級繊維の絹を身近な存在に変えた。その製糸産業を支えたのは繭を生産する養蚕業で、1950年代までは農家の貴重な現金収入源だった。蚕は「おこさま」「おかいこさま」と言われて大切にされた。繭は、桑の葉がとれる5月から10月上旬まで5回（春蚕、夏蚕、初秋蚕、晩秋蚕、晩晩秋蚕）収穫できる。その間、農家の人たちは雨の降る日も暑い日も桑の葉をとり、蚕に与える日々を過ごす。特に春・夏蚕の時は、麦刈りとその後の田植えも重なり、猫の手も借りたいほどの忙しさとなる。小中学校は1週間の農繁期休業に入り、子どもたちは家族の一員として働いた。私も小学校時代、蚕とともに生活し、桑の葉をつんで与えたり、繭の収穫を手伝ったりした。そのことが鮮明に記憶に残っている。養蚕業は多忙で重労働であった。

養蚕業の激減とオリジナル品種の開発

養蚕の技術は弥生時代に大陸から日本に伝わっており、埼玉では知々夫彦命《ちちぶひこのみこと》が養蚕と機織《はたおり》の技術を秩父の人々に伝えたのが始まりだと言われている。8世紀頃には武蔵の国で絹を納めていたことが文献に記されている。幕末から明治にかけて養蚕業は急速に発展し、１９３９年には埼玉県で史上最高の繭生産量2万３６００トンを記録する。

しかし戦時中の生糸の輸出禁止、戦後の化学繊維の登場などにより養蚕農家も収繭量も急速に減少していく。特に近年の減少は著しく、日本全国の養蚕農家数が２００７年に１１４９戸だったのに対し、２０１６年には３４９戸へと激減している。養蚕業は昭和初期のピーク時の２２０万戸からなんと０・０１６%にまで減少した。行政においても蚕糸課は統廃合され、詳しい統計も調査されていない。県内の製糸工場は１９８９年は7社あったが、１９９５年にすべて廃業した。まさに風前の灯である。

現在の都道府県別繭生産量（２０１６年）をみると、第1位は群馬（46トン）、次いで福島（22トン）、栃木（18トン）、埼玉（8トン）である。養蚕農家数（２０１６年）は、群馬県（１２２戸）、福島（41戸）で、第3位の埼玉（29戸）は全体の8%を占める。県内では、古くから養蚕業が盛んな秩父が最も多く、次いで大里、児玉、比企、入間となっている。

絹製品の需要が落ちる中、養蚕農家や製糸業者は絹製品のブランド化を進めており、埼玉県ではオリジナルの蚕品種「いろどり」を開発、地元の埼玉新聞が出荷の様子を伝えている。

「秩父地域の養蚕農家は十軒で、昨年の生産量は約三・二トン。出荷は春と夏、晩秋、晩晩秋の年四回で、春蚕期は県で育成したオリジナル蚕品種「いろどり繭」を飼育する。淡い黄緑色が特徴で、白繭に比べてこしやはりがある」
（2017年6月21日付　埼玉新聞）

埼玉ブランド「いろどり」は、埼玉県蚕業試験場（1998年廃止）で選抜育成し、1995年に命名された。蚕種は県農林総合研究センター秩父試験地内の飼育場で人工飼料により2齢まで育てられてから農家に引き渡されている。この「いろどり」は絹製品のほかにも色々な用途に利用されている。昔から製糸工場の繰糸工員は手がきれいだといわれてきたが、それは繭に含まれるシルクタンパクセシリンが優れた保湿機能を有していたからである。「いろどり」繭は普通の白繭に比べてこのシルクタンパクセシリンに含まれるポリフェノールが多い。このため保湿機能・美白機能が優れており、石鹸や化粧品の開発へとつながっている。

「いろどり」繭の選繭（せんけん）作業（提供：ちちぶ農業協同組合）

第3章

埼玉の自然災害と防災

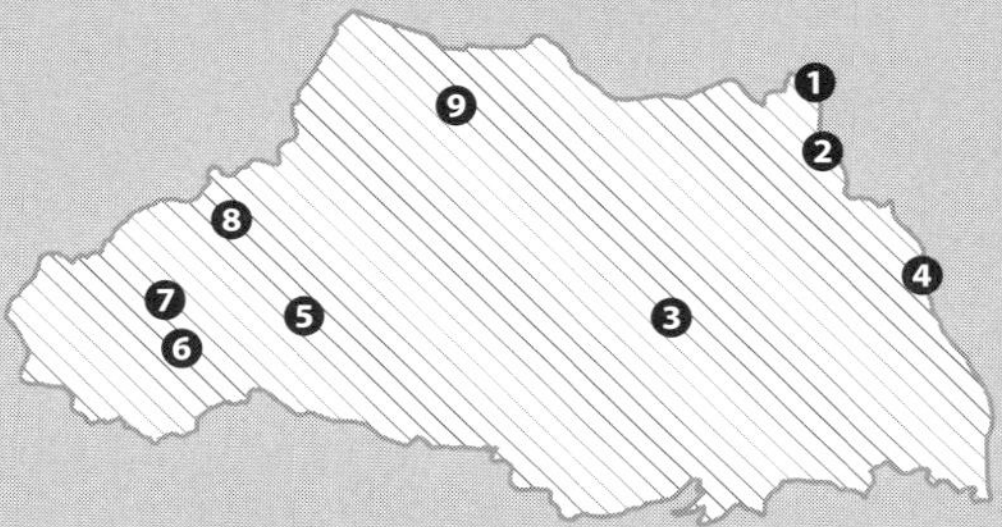

❶ 加須市／カスリーン台風決壊口
❷ 久喜市／旧吉田家の水塚
❸ 川島町／自然堤防
❹ 春日部市／首都圏外郭放水路
❺ 秩父市／浦山ダム
❻ 秩父市／二瀬ダム
❼ 秩父市／滝沢ダム
❽ 秩父市／合角ダム
❾ 深谷市／西埼玉地震震源地

概要

埼玉の自然災害と防災

埼玉県は内陸に位置していることもあり、地震による津波の被害はない。台風の直撃を受けることも少なく、全国的には災害の少ない県とみられている。実際、自然災害による被害総額は1億5019万円で全国43位（2016年）、土砂災害の発生件数は、過去10年間（2007〜2016年）で34件と全国最少である。しかし自然がもたらす災害は、100年単位で見ていかなければならない。一生大災害に遭遇しない人もいるだろうが、過去には埼玉県で何度も大きな災害が起きている。特に利根川・荒川の洪水に人々は長らく悩まされてきた。

水害との闘いの歴史

1910（明治43）年8月、荒川と利根川が決壊し、平野部全域を浸水させるような大洪水が起きた。この洪水による埼玉県の被害は、死者・行方不明者347人、住宅の全半壊・破損・流出1万8147戸、浸水8万4538戸にものぼる。被害は甚大であったことから、明治政府は「臨時治水調査会」を設け、荒川放水路の開削に着手し、17年の年月をかけ1930

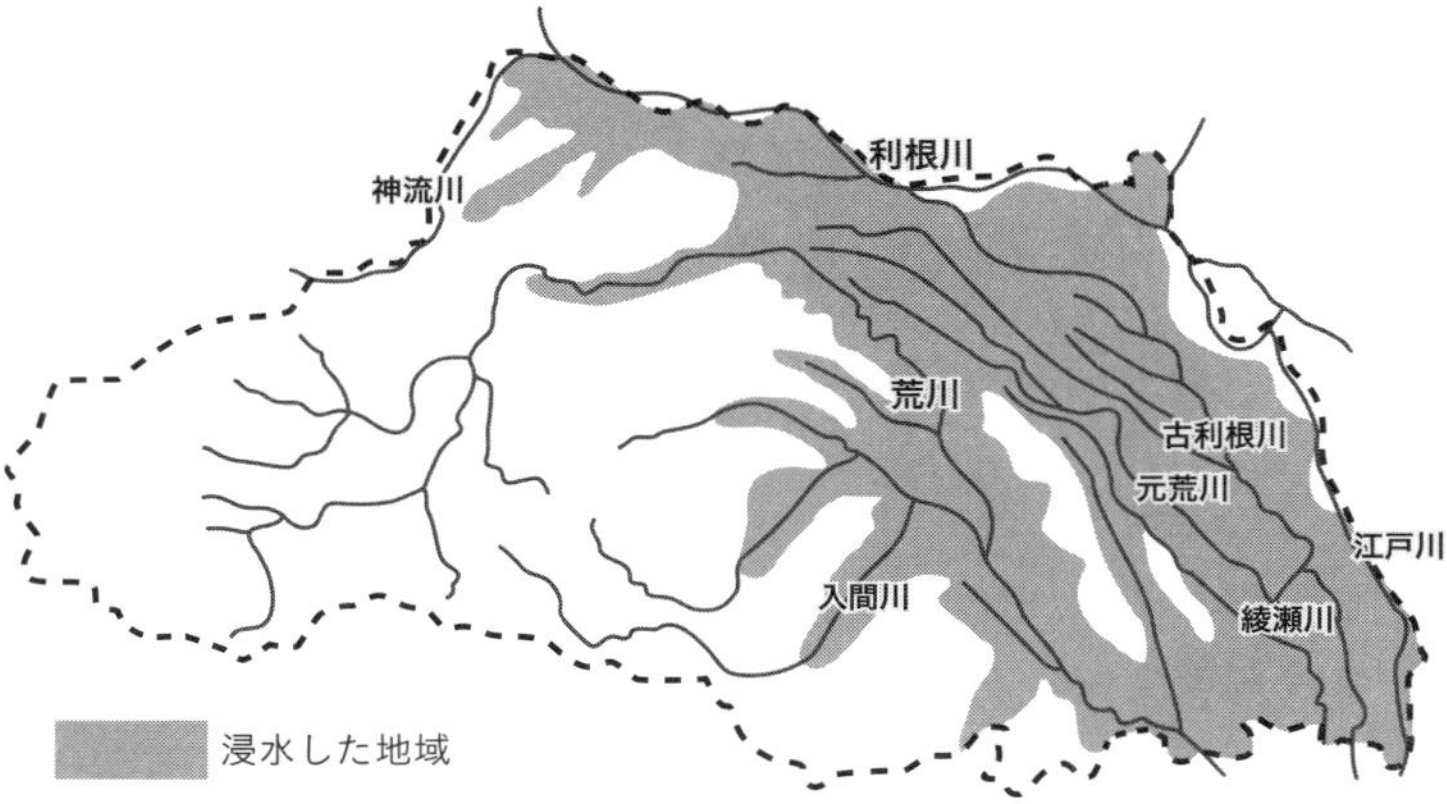

1910（明治 43）年洪水時の氾濫区域図（荒川上流河川事務所の図を基に作成）

（昭和5）年に完成させた。

戦後まもなくの1947（昭和22）年9月には、カスリーン台風による大雨が関東地方に甚大な被害をもたらしている。埼玉県では利根川の堤防が決壊し、多くの家屋、田畑が浸水した。山林が荒廃していたために、群馬県や栃木県では山崩れによる死者も多数となった。

以降は治水事業が進み、堤防の決壊は起きていない。しかし、気候が極端化している今、全国で記録的な豪雨が相次いでいる。利根川や荒川の上流域に500㎜を超える大雨が降った場合、大きな災害がもたらされる危険がある。そんなときに想定外とならないよう過去の歴史に学び、備えを怠らないようにしたい。

雷、雹《ひょう》、竜巻、大雪などの被害

本章では主に水害と地震について取り上げて

いるが、その他にも埼玉県では雷、雹などの気象災害がある。とくに大きな被害をもたらした事例について次に紹介する。

【降雹】　1917（大正6）年6月29日の午後、利根川を渡って南下してきた大雷雨があり、熊谷市郊外に鶏卵大の雹が降った。測候所の現地調査では小さいもので直径4寸（約12cm）、大きいもので1尺7寸（約52cm）もあった。旧・中条村では重さ900匁（約3.4kg）の日本最大の降雹があった。旧・男沼村では7戸10数棟が倒壊。雹は板屋根、雨戸を突き破って飛び込んできた。戸外に避難しようと飛び出したところを雹に打たれ、7人が頭部裂傷、手足の打撲などの重軽傷を負っている。

【突風・降雹・落雷】　1963（昭和38）年5月22日夕方、埼玉県北部に雷雨を伴う強烈な突風と降雹があり甚大な被害が生じた。美里村（現・美里町）湯本地区では桑・農作物に壊滅的被害を受けている。暴風雨のため、旧国鉄岡部駅付近では電柱16本が傾き、樹木30本ほどが折れた。降雹は深谷方面でさらに強まり、鶏卵大の降雹と突風によって石塚地区は最激甚被害となった。一連の被害は、死亡4人、負傷60人、住宅全壊99戸、半壊266戸、非住家全壊356戸、半壊1232戸という大惨事である。突風は竜巻だったと思われる。

【竜巻】　2013（平成25）年9月2日午後2時過ぎ、県東部地域の越谷から松伏町、野田市を襲った竜巻は約9km進み住宅に甚大な被害を与えた。越谷市の被害が特に大きく、小学校の窓ガラスが割れ、中学校の体育館の屋根がはがれた。埼玉・千葉合わせて540棟が損壊し、電柱が倒れたことで両県の約6万7千世帯が停電した。

当時は、大気の状態が不安定で、上空に巨大な積乱雲「スーパーセル」が発生していた可能性が高いという。竜巻は地表付近で別々の方向から吹く風によって生じた渦が、上昇気流で持ち上げられてできる。竜巻の風速を推定するF（藤田）スケールは、一番弱いF1からF6までであるが、被害状況に照らすとこの竜巻はF3である。現地を視察して改めて竜巻のエネルギーの大きさに驚くと同時に、多くのボランティアの方が活動していたことに心を打たれた。

【大雪】　2014（平成26）年2月14日～15日、低気圧が関東地方沿岸から東を北上し、そこに上空の寒気が影響して大雪がもたらされた。埼玉県では最大積雪深が熊谷市62cm、秩父市98cmと観測開始以来の大雪になった。他府県でも甲府市114cm、前橋市73cmといずれも観測史上最大であった。

県内の人的被害は死者3人、重傷28人、軽傷431人である。建物は広い屋根をもつ体育館や商店街のアーケードが大きな被害を受けた。熊谷ドームでは樹脂製の屋根が破れ、富士見市の体育館は天井が崩落した。農業用ハウスも雪の重みでつぶれ、229億円の被害が生じた。個人住宅ではガレージの倒壊が大変多かった。2月の湿った雪の重みがもたらした被害である。

雪による孤立集落は7市町村33地区、427世帯に及んだ。孤立状態がすべて解消されたのは10日後の27日15時である。停電で携帯電話も使えず、救助を待つのみであったという。

電柱に記された洪水時水位

カスリーン台風の記録

２０１５（平成27）年９月、関東・東北地方を襲った豪雨は、茨城県常総市内の鬼怒川左岸堤防を決壊させ、大きな被害をもたらした。台風が運んできた湿った空気が、鬼怒川上流に積乱雲を相次いで発生させ、猛烈な雨を数時間に渡って降らせる線状降水帯を作り出し、日光市五十里《いかり》では24時間の降水量が５５１㎜を記録した。この記録的豪雨が洪水の原因となった。

最近の温暖化によって集中豪雨の発生頻度が高まっており、川の多い埼玉県に暮らす人々にとっては洪水対策が喫緊の課題となっている。そのためにも過去のカスリーン台風の被害に学ぶことが大切である。

利根川の決壊による大水害

今から約70年前の１９４７（昭和22年）年９月15日から16日にかけて、伊豆半島南部から房総半島をかすめて進んだカスリーン台風は、すでに停滞していた前線を刺激して各地に豪雨をもたらした。利根川上流や渡良瀬川沿いでは山くずれや土砂くずれが発生し、群馬県赤城山南麓では土石流で多くの命が奪われた。群馬県の死者は592名、栃木県は352名となった。

埼玉県では16日真夜中に、北埼玉郡東村（現・加須市）の右岸堤防が350mにわたって決壊した。その濁流はかつての利根川沿いを流れ、東京の葛飾区、足立区、江戸川区まで達して未曾有の大惨事をもたらした。埼玉県では死者は86名、床上浸水は4万4610戸にも達した。旧大利根町では家を失った水害難民が多く、仮設住宅生活が約1年続いたという。

県西部にも甚大な被害が生じている。13日～15日の3日間で秩父では611㎜、本庄403㎜、熊谷338㎜の降水量が記録された。そのため荒川流域の熊谷市久下で100m、田間宮村（現・鴻巣市）でも100mに渡って堤防が決壊している。その他に小山川、越辺川、入間川をはじめ随所でも決壊するなど広い地域が浸水

堤防上に避難した栗橋の住民（『埼玉縣水害誌附録寫眞帳』1950年より）

した。県内の鉄道の被害も大きく、不通期間は東北線18日、高崎線4日、日光線42日、伊勢崎線29日におよんだ。

昭和天皇は9月21日、利根川の被災地を訪れた。「はやぶさ丸」に乗船して被害状況を視察し、さらに各地を見舞い、住民を激励した。当時の日本は米軍占領下にあったが、埼玉県庁におかれた米軍司令部の救援も大きな力となり、翌年5月に利根川の堤防締切工事が完成した。

その後、利根川は首都圏を守るために上流のダムやスーパー堤防が順次整備され、堤防の決壊、越流が起こったことはない。しかし最近の異常気象は短時間に記録的豪雨をもたらすので安心はできない。災害は忘れたころにやってくる。浸水した地域では災害の記憶をとどめるために、電柱に洪水時の水位を示す赤色の印がある。栗橋駅前の電柱には2・1m、幸手駅前近

洪水によって浸水した幸手市内（『埼玉縣水害誌附録寫眞帳』より）

くの日光御成街道沿いの電柱には１・２ｍと記されている。水害の恐ろしさを伝えるには、こうした身近な喚起とともに語り次ぐことが重要である。そのために当時の映像と被害経験者の声を録音して各地で上映することも必要だろう。

これからの防災対策

国土交通省は全国の水系についての新たな洪水浸水想定区域図を２０１６年から公表してきた。想定しているのは１０００年に１度の最大規模の降雨によって河川が氾濫した場合である。その想定で利根川が氾濫した場合、１都５県74市区町約１８００㎢の広大な範囲が浸水することになる。埼玉県内では27市町の浸水が予想されている。

特に深刻なのは下流にある東京都の被害である。都内には墨田区、江東区、葛飾区、江戸川

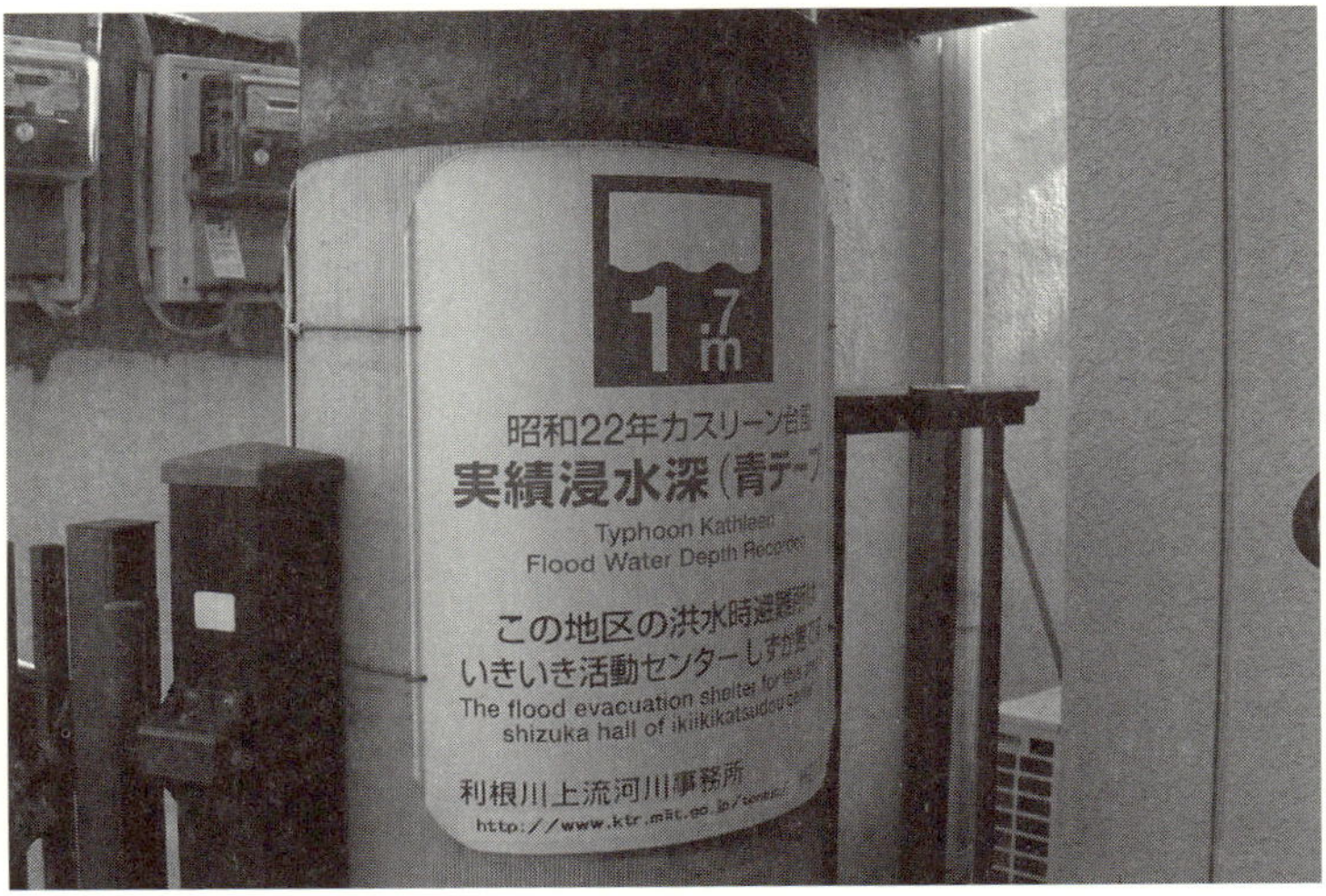

カスリーン台風による洪水水位を示すテープ。現在は赤色のテープになっている

区のようにゼロメートル地帯が広がる。こうした地域は浸水しやすく、水も引きにくい。しかも東京を中心とした首都圏は鉄道、地下鉄、道路が縦横無尽にはりめぐらされ、高度の情報網が発達している。そうしたインフラなどの被害額は現在の金額で34兆円となり、日本の経済・社会に甚大な影響を及ぼすことが予想される。

この災害に対処するには首都直下型地震への備えと同様に、普段から国、県、各市町村が一体となって水防に取り組む必要がある。たとえば毎年、9月中旬に国土交通省利根川上流事務所では、大利根河川防災ステーションで「治水の日」の式典を実施している。ここには利根川流域自治体の首長や地域住民、遺族らが出席する。東日本大震災を教訓として、これからの防災対策はハード面の整備に加え、ソフト面での備えも必要だ。住民が自助、共助で情報を把握し、ハザードマップに頼り切らずに、避難することが求められている。

洪水地域での自主防災

水害の記憶を残す水塚

青々とした水田地帯が広がる村落の中に、土を一段高く盛って建物を建てていることがある。これは水塚《みづか》あるいは水屋といい、水害に遭ったときの避難生活用の建物である。全国的にも水害の多い地域に見られ、木曽川と揖斐川の下流部の濃尾平野にある輪中地帯が有名である。輪中とは堤防で囲まれた地域のことである。

埼玉県では利根川と渡良瀬川の合流地点に位置する北川辺（現・加須市）や、利根川支流の中川流域にある栗橋、大利根、加須、幸手、越谷地域に多く見られる。また荒川中流域の右岸地域にあたる熊谷、吉見、川島、志木にも多い。この地域での水塚の成立時期は江戸時代後期から明治時代である。

水塚の形態は一般的には次の5つに分けられる。①塚のみ、②塚の上に建物がある、③塚の周りに構え堀がある、④塚の上に母屋がある、⑤屋敷地全体を盛土する。圧倒的に多いのは②のタイプである。北川辺地区に行くと⑤のタイプを見る。

土盛りは敷地から2mほどで、水塚の建物の大きさは間口2間（3・6m）、奥行き3間（5・

4m）、広さ6坪が一般的である。内部は2階建てが大半を占め、1階には穀物、味噌、醤油などの食料が保管され、2階は箪笥、寝具などが収納されていた。外壁は土壁だが漆喰壁で化粧した土蔵様の建物もある。大きい水塚、あるいは複数の水塚を持つ家は財力もあり、洪水時には牛馬や地域の人々の避難場所となっていた。水塚は敷地の北側または西側に集中して配置されているが、これは冬の季節風への防風対策や、洪水時の出水に対する水制（水の勢いを緩和、または制御する工作物）であると思われる。

求められる水塚の保存

水塚は先人が生み出した知恵であるが、最近は堤防の強化や、大型排水機場の設置などで洪水の被害がほとんどなくなり、不要なものとして扱われている。土蔵の修理に費用がかかるこ

川島町の水塚

ともあって、母屋を新築する際に水塚を壊し、土を均《なら》してしまうことが多い。この水塚の消滅時期のピークは、高度経済成長期の１９７５年頃と、１９９０年代末頃である。団塊の世代とその子どもが、結婚を契機に家を新築したことが原因だと考えられる。

今後も水塚は消えてゆく傾向にあるが、保存されたものもある。旧栗橋宿にあった吉田家の水塚は、利根川の堤防強化対策事業のため栗橋文化会館の敷地内に移築され、一般開放されている。建物は２棟あり、塚の幅は約22ｍ、奥行きは約14ｍ、高さは２ｍある。

なお、水塚のある地域では、水害発生時の避難、移動用の川舟を保持している家が多い。普段は納屋の軒、土間の天井などにつるしてあり、夏には川魚の投網漁などに利用することもあった。しかし放置され傷んで処分された船も多い。川島町では平成27年〜29年に調査をした際、47隻が確認された。今では川船職人もいないので現存している船は貴重である。その一隻が川島町の「平成の森公園」内の小屋の下に保存展示されている。底の浅い揚げ船である。

最近の異常気象による記録的豪雨を見ていると、堤防が決壊する恐れがないとは言えない。先人が生み出した水塚を、新たに自主防災の観点から再認識しても良いのではないだろうか。

川に囲まれた川島町

連続する自然堤防上の集落

ある社会科地図帳で埼玉県の旧川島《かわじま》町役場があった平沼地区の旧河道と自然堤防が掲載された。自然堤防とは、洪水時に河川によって運ばれた砂や細かいシルトが、流路沿いまたは周辺に堆積してできた微高地のことである。一般面より0・5~1m以上高いのが普通で、扇状地より下流部に発達する。その自然堤防より低い場所を後背湿地という。

洪水が頻発する氾濫域

川島町は荒川、入間川、越辺《おっぺ》川に囲まれており、それらの旧河道の低地と自然堤防の微高地が連続した景観をつくり出している。自然堤防は高さ1~2m、幅100~200mほどで住宅地や畑が立地し、後背湿地は水田となっている。埼玉県が実施した荒川総合調査の刊行案内には、荒川・入間川合流点付近を上空から撮影した写真が使われており、見事な自然堤防の姿を浮かび上がらせている。地形図を見ても、蛇行しながら流れていた旧河道の自然堤防に沿って、集落が立地する様子がよく分かる。

川島町は古くから洪水の多い地域であったが、江戸時代の荒川の瀬替えによって、さらに洪水が頻発するようになった。荒川の瀬替えとは、現在の元荒川筋を流れていた荒川を熊谷市久下付近から和田吉野川に流し、入間川に付け替えた河道改修事業である。この工事によって埼玉県東部地域や下流の江戸の水害は減少したが、元の入間川は荒川の水量が加わり、入間川、和田吉野川の合流点では逆流による氾濫、バックウォーター現象が起こるようになった。

この頻発する洪水に備えて流域では、いくつかの村が共同して集落を囲む「囲堤《かこいづつみ》」を作った。一部は今でも川島領大囲堤《おおかこいづつみ》、吉見領大囲堤として残っている。しかし当時の堤防は強度の点で問題があり、充分には機能しなかった。そこで洪水に備えて水塚が多く作られた。その多くは自然堤防上に立地している。

川島町の流路跡。自然堤防上に人家や屋敷森が連なる（提供：埼玉県立自然の博物館）

先人の知恵に学ぶ防災

実は古代の先人も自然堤防上に住居を構えていたことが分かっている。たとえば圏央道の建設で発見された富田《とみた》後《うしろ》遺跡がある。当初は古墳時代前期の方形周溝墓が100余り見つかったと報告された。しかし最近では墓は7基で、残りは弥生時代末の大集落跡、周溝持《しゅうこうもち》建物であるとされている。その根拠となったのは住居跡の柱穴やおびただしい土器の発見である。他の自然堤防上には縄文時代の貴重な遺跡も発見されている。このように低湿地帯で人々は自ずと微高地に住み、建物を建て替えながら住み続けてきたと思われる。

埼玉県では利根川流域の羽生から加須、久喜、幸手、杉戸、春日部、越谷に至る低地にも自然堤防が見られる。特に東部地域の南側の越谷、吉川、三郷、八潮の低地はかつて東京湾に流れ込んだ利根川の三角州にあたり、その中の自然堤防は貴重な微高地になっている。今後の防災においても自然堤防の存在は大きい。繰り返す水害のなかで生きてきた人々の知恵に学ぶことがますます重要になっている。

地下神殿のような巨大水路

首都圏外郭放水路

東武野田線南桜井駅北口からバスに乗車して10分ほどで春日部市の「龍Q館」に到着する。ここは江戸川右岸にある洪水防御施設「首都圏外郭放水路」の展示施設である。事前予約をすると、日本最大級の地下放水路が見学できる。

まず「龍Q館」の展示説明を受け、見学にあたっての注意を聞き、いったん施設の外に出る。広大な敷地を歩いていくと小屋のような入口がある。そこのドアを開け、手すりを使って約100段の階段を下りてゆくと、ほどなくして地下22mにある広大な地下空間に到達する。奥行177m、幅78m、高さ18mにおよぶ巨大な空間である。ここは地下放水路の調圧水槽で、流れてきた水の勢いを弱め、ポンプで江戸川に排水しやすくするための施設である。

天井を支える柱は59本あり、1柱は長さ7m、幅2m、高さ18mで重さは500トンある。まさに地下神殿である。参加者は誰もが夢中で写真を撮っていたが、この広い空間を使用して映画の撮影もよく行われるという。ちなみに巨大な柱は天井をささえるだけでなく、周囲の地下水によって調圧水槽全体が浮かないようにするおもりの役割も果たしている。

都市化による水害を防ぐ

　では、なぜここに巨大な地下放水路が作られたのだろうか。地下放水路のある埼玉県東部は低平な平地が続き、なかでも中川・綾瀬川流域は中小河川が南北に流れている地域である。とくに中川は河川勾配がゆるく、大雨に見舞われると水位が下がらず、流域全体が水のたまりやすい皿のようになる。

　さらに急激な都市化の進展が洪水に拍車をかけた。河川整備や下水道整備が追い付かず、大雨のたびに周囲の川があふれるようになったのである。平成の時代になってからは2年に1回の割合で浸水し、人的被害はないものの住宅の修理や家具・畳の取り換えなど大きな損害が生じている。対策として住宅地をかさ上げすると今度は道路が冠水し、地上に排水用の水路を作

地下宮殿のような首都圏外郭放水路の調圧水槽

ろうにも都市化が進み用地が取得できなかった。

そこで河川からあふれた水を地下50mの地下放水路（暗渠）に流し込み、排水機場から江戸川に放水することが計画された。工事は日本の土木技術を結集した大事業で、1993（平成5）年3月に着手し、2006（平成18）年6月に完成した。

河川から水が流れ込む立抗は5カ所あり、その大きさはちょうどスペースシャトルが入るほどの巨大なものである。河川の水位が高くなると立坑へ水の流入が始まり、国道16号線の地下にある放水路に貯水される。放水路の内径は約10mで全長は6・3kmである。その放水路が満水になると調圧水槽に水が流れ込み、そこがいっぱいになるとポンプで江戸川に排水する。

こうして地下放水路は毎年8回程度の洪水を防ぎ、地域の浸水被害の軽減に大きな役割を果たしている。これからの総合治水対策は川の対策だけでは不十分である。流域でも、雨水を貯めておく施設をつくったり、雨水を地面にしみこませるようにするなどの対策が必要だ。首都圏外郭放水路を管理する国土交通省関東地方整備局江戸川河川事務所は、積極的に見学会を催している。ぜひ一度訪ねて、現代の治水事業を理解していただきたい。

洪水と水不足に備える

荒川水系の4つのダム

幸田真音の小説『大暴落』では、荒川上流の秩父地方に多量の雨が降り、荒川が決壊して首都圏が壊滅的被害を受けることが描かれている。たしかに1日に500㎜を超える雨が降ると大洪水の可能性を否定できない。このような災害を予防するため、秩父地方には治水用に4つのダムがある。これらのダムは他にも灌漑用水、水道用水、発電と多くの目的がある。

ダムは山奥にあるイメージが強いが、秩父のダムは周辺道路もよく整備され、車なら手軽に行くことができる。山間に水をたたえた湖に空の青さや周囲の山々が映し出され、心が和むスポットである。最近『ダムマンガ』(作者・井上よしひさ)でダムが身近になり訪れる人も多い。現地の事務所でダムカードをもらうと、それぞれのダムの特色と秩父の自然を理解することができる。この秩父の4つのダムの特色を次に述べる。

◎**浦山ダム**　1999(平成11)年に完成した荒川の支流、浦山川をせき止めたダム。事業者は独立行政法人水資源機構。秩父の市街からも近く、国道140号線からは圧倒的な高さのダムが見える。それもそのはず堤高が156mと重力式コンクリートダムとしては日本第2位の高さを誇り、日本のすべてのダムの中でも第6位だからだ。ダム上部にあるエレベータで一気に下り、外からダムを見上げると巨大な人工建造物に恐怖さえ感じる。総貯水量は東京ドーム47個分に相当し、高低差があるため発電量は最大出力5000キロワットになる。このダムの建設の苦労は浦山ダム資料館や通路にある掲示物で知ることができる。

◎**二瀬ダム**　1961（昭和36）年完成の埼玉で最も古いダム。事業者は国土交通省。このダムは戦後大惨事をもたらしたカスリーン台風の経験をきっかけに検討着手された。荒川の上流部に建設され、堤高は95m、総貯水総量は東京ドーム22個分に相当し、秩父の滝沢ダムの4割ほどでしかないが、流域面積が滝沢ダムの1・6倍あり、放流頻度が高く発電量は浦山ダムを凌ぐ5200キロワットである。またダムの堰堤を通過する道路は三峰神社に行く唯一の道路である。以前は三峰神社まで秩父鉄道の三峰口から全長1・9㎞のロープウェイで結ばれていたが、施設の老朽化のため2007年に廃止され、現在はバスが輸送手段になっている。

◎**合角《かっかく》ダム**　2003（平成15）年に吉田川の上流部にできたダム。事業者は埼玉県。堤高が60mと低く発電は行っていない。展示室で一休みして、ダムを望む展望台に歩いて上ると湖に架かる斜長橋の「合角大橋」が美しく異国情緒を感じさせる。ダム下流にはアウトドア施設「吉田元気村」があり、西秩父の観光拠点にもなっている。

◎**滝沢ダム**　2008（平成20）年完成の埼玉で最も新しいダムである。事業者は独立行政法人水資源機構。堤高は１３２ｍ、総貯水量が４つのダムの中で一番大きく東京ドーム51個分に相当する。エレベータでダムの放流サイトまで行くことができる。湖は湖畔の緑や紅葉を映して美しく、ダムの手前には環境に配慮したループ橋（通称「雷電廿六木《とどろき》橋」）があり、彩甲斐街道の名所になっている。

しかし、滝沢ダムのある地域にはかつて１１２世帯３３０人が住んでいた。長い話し合いの結果、多くの住民は秩父市内の旧荒川村や横瀬町に移転した。なお、浦山ダム、合角ダムを合わせると２３７戸が湖底に沈んでいる。

この滝沢ダム湖畔をさらに西に進むと紅葉で有名な中津峡である。森林科学館や彩の国ふれあいの森こまどり荘があり、日帰り旅行にはもったいない自然とふれあえるスポットである。

滝沢ダム

COLUMN

東日本最古の間瀬ダム

本庄市の間瀬《まぜ》ダムは１９３６（昭和13）年に完成した重力式ダム（貯水池の水圧をダムの重量で支える）で、堰堤の長さは１２６ｍ、高さは27・５ｍある。灌漑用コンクリートダムとしては東日本最古で、約80年を経過した現在も農地に水を供給している。

ダムの下部から見上げる堰堤は見事で、洪水吐《こうずいばき》から流れ出る水は白い布をかけたようでとても美しい。堰堤の上には管理棟があり、今でも放流の水量調整を手動で行っている。レトロな建物は湖面にマッチして風情がある。この間瀬ダムの堰堤と下流の管理橋の2つが２０００（平成12）年に国の登録有形文化財に登録された。

ダムの管理は美児沢《みこさわ》用水土地改良区が行っているが、灌漑面積は以前の２４２ヘクタールから現在の７ヘクタールへとだいぶ小さくなった。これはダム湖（間瀬湖）の水を利用していた美里町が、神川町新宿で取水された埼玉北部土地改良区からの用水に切り替えたからである。現在、間瀬湖の灌漑用水の役割は以前に比べて低下しているが、渇水時に備えた貯水池としての機能はいまだ失われていない。

また、間瀬湖はヘラブナ釣りのメッカとして関東近県に知られている。桜と紅葉の時期には静かな湖畔の観光に訪れる人も多い。近くには絹産業遺産などもあり、ダム湖の水辺を中心とした公園整備を行うことで、貴重な産業遺産を後世に活かすことができるのではないかと思う。

間瀬ダム

来たるべき震災に備える
西埼玉地震を忘れない

今から約90年前の1931（昭6）年9月21日、午前11時20分、埼玉県北部でマグニチュード6・9の地震が発生し、関東北部を中心に震度5を記録した。1923年の関東大地震から8年後のことである。この地震による死者は16名、全壊家屋207軒で、多くの煙突が倒壊した。当時の中央気象台は、当初震源地を現在の小川町南東部の仙元山あたりと発表し「西埼玉地震」と命名したが、後に震源地を現在の深谷市西部櫛引地区内に訂正している。

地震による甚大な被害

震源地に近い深谷では、関東大震災の時よりも被害が大きかった。深谷小学校校庭には罹災者が避難し、町は戦場のような騒ぎで、自警団が徹夜警戒にあたったと記録されている。旧深谷町の被害は死者5人、重軽傷者30人、全壊家屋25軒、半壊家屋24軒、煙突倒壊16件である。中でも工場の赤煉瓦の造りの煙突が倒れ、その下で遊んでいた子ども数人が即死するという痛ましい事故があった。

しかし、この地震で家屋の全壊・半壊の被害が一番多く発生したのは旧鴻巣町である。町村別家屋倒壊数を見ると、元荒川沿岸の熊谷から吹上、鴻巣、菖蒲、さらに、古利根川沿岸の深谷から久喜にかけての被害が多い。これは地盤の弱い沖積低地で被害が集中したことを示している。そのため土地の陥没だけでなく、地下水や土砂の噴出（液状化現象）などが各地で起きた。当時の記録には「噴出された細砂は多様の色彩を有し、砂粒は極めて微細で、浅間山噴火の際、当地に降灰したものに酷似せる」と記されている。

断層のずれによる地震

西埼玉地震の震源はかなり浅く、県内にある深谷断層帯の一部が横ずれしたことによって地震が発生したと考えられている。しかし記録に

西埼玉地震の強震によって軒が波打つ深谷の町並み（提供：埼玉県立熊谷図書館）

よると古利根川南岸及び元荒川流域では東西に亀裂が生じ、荒川沿岸筋では南北に走る亀裂が多い。石灯篭の倒壊方向も亀裂の方向と似ており、これらを総合すると２０１６年の熊本地震のように震源が複数あるようにも見える。

現在、関東地方での直下型地震が想定されているが、埼玉県内には深谷断層帯のほかに綾瀬川断層もある。これらの断層が活動するとマグニチュード7・0以上の地震が発生する可能性が指摘されている。２０１１年に起きた東日本大地震では、西埼玉地震と同じように県東部の低地で液状化現象による被害が生じた。今後起こりうる地震災害に備えて、過去に発生した地震をもう一度検証してみることが必要である。

第 4 章

埼玉の水資源と産業

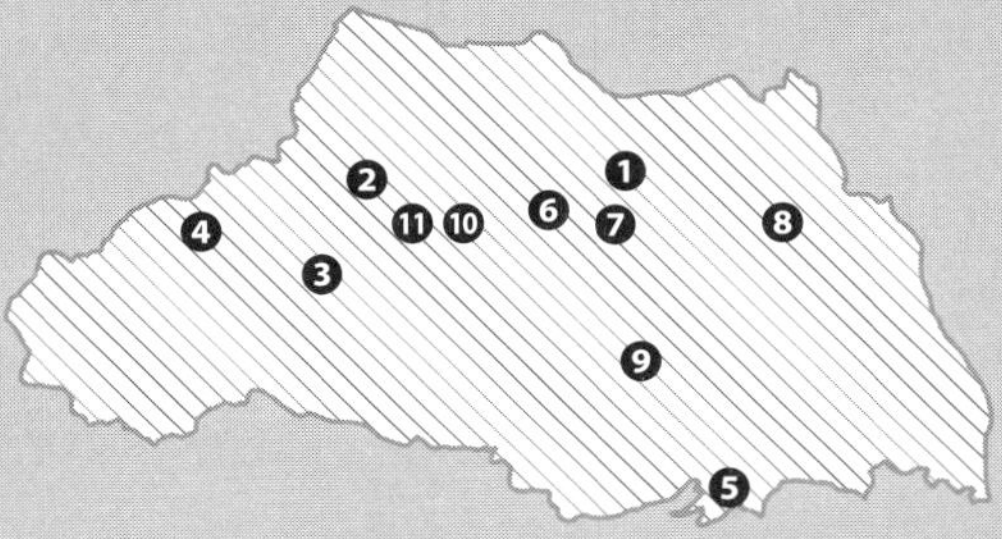

❶ 鴻巣市／元荒川の橋梁群
❷ 寄居町／湧水 日本水
❸ 秩父市／湧水 妙見七つ井戸
❹ 小鹿野町／湧水 毘沙門水
❺ 新座市／湧水 妙音沢
❻ 滑川町／ため池 山田大沼
❼ 吉見町／ため池 八丁湖
❽ 久喜市／久喜菖蒲工業団地
❾ 川越市／埼玉の地酒「蔵里」
❿ 小川町／和紙
⓫ 東秩父村／和紙

概要
埼玉の水資源と産業

埼玉県の特徴の一つとして「水辺に恵まれた県土」があげられる。それは県土に占める河川面積の割合が３・９％と日本一だからである。河川面積とは流域面積ではなく、堤防と河川敷を含めた河川区域の面積である。ちなみに第2位は茨城県、第3位は大阪府である。埼玉県の県土に占める河川の割合が大きいのは荒川に存在する広大な河川敷や県下を流れる河川の多さがあるだろう。県内の一級河川数は１６２河川あり、その延長は約１７３６㎞で全国第25位である。

埼玉の母なる川「荒川」

埼玉県の地形は西から険しい奥秩父山地、比較的なだらかな外秩父山地、緩やかな丘陵や台地、そして東部の広大な荒川・利根川の低地へとつながっている。低地は関東平野の中央部に位置し、荒川低地と中川低地に大きく分けられるが、その形成には関東造盆地運動と呼ばれる地殻的な沈降運動が大きく関わっている。とくに加須《かぞ》低地や妻沼《めぬま》低地は、かつての台地が埋没

埼玉県の水系図（「平成 29 年度　埼玉の土地」埼玉県砂防課資料より作成）

しているほど沈降の度合いが激しい。低地は河川によって運ばれた厚い沖積層で覆われており、地下には関東地下水盆と呼ばれる地下水がある。

埼玉県内の河川は利根川水系と荒川水系に大きく分かれるが、特に荒川の流域面積は県土の66％を占め、まさに「埼玉の母なる川」と呼ぶにふさわしい川である。そこで荒川の総合調査が１９８３（昭和58）年から5年をかけて行われ、報告書と写真集が刊行された。

その成果を踏まえて１９９７（平成９）年、全国的にめずらしい「川の博物館」が開館した。博物館の展示は、埼玉の河川や水と人々のくらしとの関わりをテーマにしているが、特筆すべきは屋外に設置された荒川の立体模型である。奥秩父の峰に源流を発し、渓谷や河岸段丘、扇状地、氾濫原平野を形成して、東京湾に流れ込む全長173㎞の荒川の姿がリアルに再現されている。

川の再生に向けて

私が卒業した小学校は荒川中流域の右岸に位置するため、夏は荒川でPTAの管理のもと水泳を楽しんでいた。当時の荒川は砂利採取が行われていたが、砂利や砂の河原が広がり、水もきれいで魚もよく見えた。

生活水や水田の用水路として貴重な役割を果たしてきた河川を人々は大切にしてきた。今でも地域の祭りには、水の神に安全を祈る長瀞《ながとろ》町の船玉祭りや寄居町玉淀の水天宮祭りなどがある。しかし高度成長期に川は単なる排水路の役割を担わされてしまった。

現在は川の役割が見直されており、魚、昆虫、植物などを育む大切な環境であると同時に、人々に潤いを与える存在であることが認識されてきた。7月の河川愛護月間には各地で清掃活動が行われており、この取り組みを後押しするように埼玉県は川の再生事業に取り組んでいる。安らぎとにぎわいの空間創出と清流の復活を掲げ、県は「川のまるごと再生プロジェクト」を実施しており、市町村が実施する公園事業や観光施策などと一体になって川の再生を面的に拡大してきた。その結果、アユが生息できる水質を持つ県内の河川の割合が80%を超えたという。

川とくらしの歴史

埼玉における川とのつながりは歴史的、経済的にも深い。埼玉は古来より河川を利用した舟運が盛んで、鉄道にとって代わられるまでは主要な輸送手段であった。川越と江戸を結んだ新《しん》河岸《がし》川、西川材を運んだ入間川など、川を通じて物資や人が行き来していた。そして豊かな伏流水や地下水を利用した日本酒づくりは今でも盛んである。清らかな川の水が生み出した手漉き和紙の細川紙はユネスコ無形文化遺産に登録された。絹織物の秩父銘仙もかつては荒川の水に晒し、鮮やかな色合いを出していた。

川はひとたび洪水となれば甚大な被害をもたらすが様々な恩恵も与えてくれた。だからこそ人々は川のそばに暮らしてきたのである。県内には河川のほかにも河跡湖や大規模な調整池、ため池などの水辺空間が多く存在しており、美しい湧水地や名水もある。本章ではこのような水と私たちの暮らしとの関わりについて考えてみたい。

橋が織りなす町の風景
元荒川の親水空間

熊谷市南部から吉川市までの平坦地を流れる長さ60㎞の元荒川は、名前のとおり荒川の旧流路である。１６２９（寛永6）年、関東郡代伊奈半十郎忠治によって荒川本流は熊谷市久下でせきとめられ、入間川水系につながれた。以後、旧流路を元荒川、新流路を荒川と呼ぶようになった。元荒川は源流が切られ、生きている川ではない。しかし、曲流あるいは乱流して緩やかな平野を形成してきた流れの跡は周囲に残っている。鴻巣市から北本市東部、特に常光地区には川が蛇行して取り残された三日月湖があり、釣り場にもなっている。

歴史を語る橋梁群

橋は地域と地域を結ぶ重要な結節点であり、思いもよらない立派な橋が架かっていることがある。とくに鴻巣市吹上の元荒川には17もの橋が架けられており、それぞれに特徴がある。鴻巣市吹上は江戸時代中山道の鴻巣宿と熊谷宿の間にある宿で、城下町忍《おし》と川越、東松山と八王子など、東西南北方向を結ぶ重要な道路が走っていた。現在、市内を流れる元荒川の流路は直線になっているが、以前はかなり蛇行していた。そこに多くの橋が架かっている。

JR吹上駅前から整備された県道行田東松山線を北に5分ほど歩くと、元荒川に架かる新《しん》宿《しゅく》橋に至る。川幅が狭いのに橋の幅は車道が片側2車線、歩道が両側に十分あり橋と気がつかないが、その上流にはいくつかの特色ある橋が架かっている。1991(平成3)年竣工の桜橋は歩行者専用橋で川の上に広場があり、東屋が建てられた贅沢な水上空間である。河畔の両岸には桜が植えられ満開の時は県内随一の景観を楽しめる。

さらに上流へ向かうとかつての木橋を思わせる幅一間の狭い佐賀橋がある。この近くにはかつて石造りのサガ橋があった。1617(元和3)年、その前年に亡くなった徳川家康の柩が日光に移される際に通った橋としても知られている。まさに歴史を語る橋である。さらに上流には1933(昭和8)年6月竣工の新佐賀橋がある。この橋は以前黒く重みのある眼鏡橋の雰囲気を持っていた。実際は長さ15・4m、幅6・4mの鉄骨アーチ式(本体はコンクリート製)の橋で、花の形をあしらった欄干の装飾が豊かにして気品があった。親柱には2012年に土木学会選奨土木遺産として認定されたプレートがはめ込まれている。現在、橋は目立つように白く塗装されているが昔を知る者には残念な姿である。

新佐賀橋の上流には旧国道17号線が通る吹上橋がある。1933(昭和8)年3月に完成した鉄筋コンクリート製の橋である。丈夫なつくりをしているのは、当時の時代状況を反映し、軍用トラックや戦車が通っても耐えられるようにしたからである。

新宿橋の下流にも特色ある橋として、親柱に粋な灯篭があしらわれた高砂橋がある。さらに下流には遠所《えんじょ》橋、筑波橋とあり、昔は忍・騎西に行く主要な道路であったことが偲ばれる。さらに下って蓮田市に入ると、左岸の椿山地区、緑地区の住宅地が川沿いにまで迫っている。ここでは川幅が70mぐらいあり、市街地を流れるために6つもの橋がある。なかでも新荒川橋と宮前橋は長さ約100m、歩道の部分が3・5m近くあり、橋上を散歩しながら川面を眺めることができる親水性の高い橋である。さらに下流の越谷市では、市役所の東側を元荒川と葛西用水が平行して流れ、遊歩道として整備された中堤が、右岸の西欧風建築の越谷市中央市民会館とマッチしてすばらしい親水景観を形成している。

元荒川の新佐賀橋

埼玉自然100選に選ばれた景観

元荒川の流域は水田地帯が広がっている。江戸時代には田んぼに水を供給するための堰が作られ、現在も農業用水として利用されている。最も下流にあるのが末田須賀堰《すえだすが》で、旧岩槻市の南東端に位置する。1994（平成6）年に水資源開発公団（現・水資源機構）によって改修され、最新の堰が完成した。この堰より上流の旧岩槻市内には14箇所の農業用水の取り入れ口がある。堰によって取水された用水の排水は、元荒川に落とされ、再度下流の堰で取水される。さらにそこへ見沼代用水の水が加わる。その水が非灌漑期にはなくなるので、元荒川は川底が見えるほど水量が減少する。

末田須賀堰の上流は魚も多く県内有数の釣り場となっている。また、水鳥のエサが多くあり、サギやカモなどが多くすんでいる。堰のほとりには歴史のある武蔵第六天神がある。門前には休憩所として川魚料理店が3軒あるが、以前は5軒あったと聞いた。神社の裏手からは元荒川を望むことができ「埼玉自然100選」に選ばれたゆうゆうたる見事な景観が広がっている。

後世に残したい
県内各地の貴重な湧水

「名水百選」は、日本各地の清澄な水や水環境を再発見し、保護することを目的に環境庁（現・環境省）が選定した。埼玉県で「昭和の名水百選」（１９８５年）に選ばれたのは寄居町の日本水《やまとみず》である。その後「平成の名水百選」（２００８年）には熊谷市の元荒川の湧水、秩父市の武甲山伏流水、小鹿野町の毘沙門水、新座市の妙音沢湧水の４カ所が選ばれた。いずれも湧水だが、環境省のデータ（２０１６年）によると県内には２８０カ所ほどの湧水が存在する。代表的な湧水は50カ所ほどで、小規模ながら山地の谷間や、台地、丘陵の縁などに湧き出ている。

秩父地域の湧水

秩父地域の山地や周辺地域には、清浄で安全に飲める湧水が少なからず存在し、札所巡りや観光がてら楽しめる。国道１４０号線沿いの道の駅ちちぶの駐車場北端の水場では蛇口からあふれでる水を汲むことができる。この水は橋立浄水場からのもので、地下水と渓流水から取水した水道水である。市街地の北には段丘崖に「妙見七つ井戸」と呼ばれる宮地の湧水群があった。湧水は武甲山の伏流水だが近年流量が減っており、現在残っているのは4つだけである。そのうち四つ井戸の下堀井戸と五つ井戸のあらゐの井戸が今も使われている。

小鹿野町にも多くの湧水があるが、有名なのが合角《かっかく》ダム上流の藤倉馬上にある毘沙門水である。白石山麓の豊かな湧水で日量千トンもあり、1800mの長さのパイプでふもとまで引いてきている。水汲み場には6つ蛇口があり、地域の住民だけでなく遠方からもポリタンク持参で水を汲みに来る人が多い。さらに奥の藤倉富田の「ふれあい水」という湧水にも水汲み場がある。ともに石灰岩地帯のため水質はアルカリ性でカルシウムを多く含む。

寄居町では荒川右岸の金尾地区に「金尾の五井戸」という湧水があるが、最近は使用されていない。南の風布《ふうぷ》地区には風布川が流れていて、その水源の一つが昭和の名水百選に選ばれた日本水だ。水質は蛇紋岩地帯を浸透してくるため特異なアルカリ性の水である。

台地からの湧水

荒川右岸の和光、朝霞、新座、富士見、川越の地域には多くの湧水がみられる。その多くが武蔵野台地を開析する河川

水量が多く今も使われている秩父市の五つ井戸

沿いの崖線からの湧水で、農業用の灌漑用水として利用されてきた。代表的なものとして平成の名水百選に指定された新座市の妙音寺湧水がある。台地の湧水を集めた小川は水量豊かで澄んでいて、雑木林の中を抜けると瀬をなして黒目川に流れこむ。

朝霞市立博物館に隣接した東圓寺境内の北隅には不動の滝がある。かなり広い滝つぼだが、江戸時代後期に編纂された『新編武蔵風土記稿』では農業用水として利用されたとの記述がある。そのほかに朝霞市には『新編武蔵風土記稿』に「代官水」の名称で記された湧水代官水があり、現在は散歩道などが整備された小公園となっている。富士見市にも10カ所以上の湧水があり、いずれも柳瀬川や新河岸川の小さな支流の段丘崖下に位置している。

県内各地の湧水の水質については、秩父地域の山地や山間地並びに周辺地域を除くと、溶存成分量の多い地点が半数を占める。とくに平地部では硝酸イオン濃度の高い地点が多く、地下水汚染の兆候が見られる。自然の恵みである湧水は災害時の貴重な水源ともなるので、水質検査等を継続し、保存管理していくことが必要である。

朝霞市の湧水代官水

雨の少ない比企地方
ため池が支えた暮らし

滑川《なめがわ》町東部にある国営武蔵丘陵森林公園は１９７４（昭和49）年、全国初の国営公園として建設された。東武東上線森林公園駅からバスで約10分の位置にある。３０４ヘクタール（東京ドーム65個分）の広大な園内を歩くと、ため池の多いことに気がつく。園内には約25のため池があり、中でも公園中央口の目前にある山田大沼は滑川町内で最大のため池である。

滑川町のため池

滑川町はなだらかな比企北丘陵に位置し、標高１３１・８ｍの二ノ宮山が最高地点である。北に和田川、中央に滑川、南部に市ノ川がそれぞれ東に向かって流れているが、流域は小さく水量も少ない。このため多くの水田は谷津の谷頭《こくとう》部に造られた小さなため池に依存してきた。同町には貯水量千㎥以上のため池が１１３あり、小さいものを含めると約２００以上ある。県内には７００以上のため池があるが、滑川町だけで4分の1を占め、面積あたりのため池数も瀬戸内地域と同じくらい高密度である。

ため池による灌漑農法は、日本では7世紀後半頃から存在したといわれているが、江戸時代に新田開発が盛んになると各地で次々と行なわれるようになった。例えば1698（元禄11）年の和泉村（現・滑川町和泉）明細帳には、同村に10のため池があったと記されている。

吉見町のため池

吉見町の地形は、吉見丘陵と和田吉野川・荒川・市ノ川が形成した氾濫原とに大きく分けられる。吉見丘陵の西側は滑川、市ノ川で区切られ、比企北丘陵とは明瞭な地形区分がある。丘陵には凝灰岩質を浸食した深い谷が発達しており、谷津が開く部分に長い堰堤を築いた広いため池が多い。

代表的なため池は丘陵東部の八丁湖である。広さは5万2千㎡で、灌漑用水として黒岩地区

吉見町で最も大きいため池「八丁湖」

の田んぼを潤している。湖畔一周の散策コースは2㎞弱で、新緑・紅葉の時期は水鳥を観察しながら遊歩道を歩く人が多い。丘陵南部、鴻巣・東松山県道に面する大沼は広さ4万8千㎡、貯水量13万8千㎥あり、灌漑用水はパイプラインで送水される。3番目に大きい天神沼は広さ2万5千㎡である。滑川町と比べるとため池の数は12と少ないが大きなものが多い。

日本農業遺産登録への取り組み

滑川町や吉見町のある比企地方は年間降水量の平均が1279㎜と少なく、しかも大河川からの取水が困難な地域であった。旱魃の被害は深刻で、滑川町では雨乞い儀式を行う神社が5つもある。そのため古くから多くのため池が作られ、比企地方に県内のため池の80％が集中している。

ため池の管理運営は昔から各地の水利組合が担っており、水を使わない10月ごろには水を抜いて堤防の補修作業をする沼普請を行う。その時、沼で育った魚を捕ることも楽しみであったという。こうした伝統的な「ため池農法」を日本農業遺産に申請しようと2017年、8市町村（滑川町、東松山市、熊谷市、深谷市、嵐山町、小川町、吉見町、寄居町）とJA（JA埼玉中央、JAくまがや）で「比企丘陵農業遺産協議会」が設立された。米づくりを支えたため池は地域の生命線であった。農業遺産申請はそのことを思い起こさせる契機となるだろう。

COLUMN

首都圏の大動脈　武蔵水路

1964（昭和39）年の東京オリンピックを控えた前年、東京の水不足を解消するため利根川の水を荒川に引く利根導水路の工事が着手された。実際はオリンピックに間に合わず荒川から緊急取水し何とか急場をしのいだが、突貫工事の結果、翌65年3月に利根導水路の一つ武蔵水路が完成した。武蔵水路は行田市須賀にある利根大堰で取水し、鴻巣市の荒川に放水する全長14・5kmの用水路である。その水は荒川下流の秋ヶ瀬取水堰から朝霞水路を経て東京都に供給されている。

行田市にある独立行政法人水資源機構利根導水総合事務所を訪れると、屋上から利根導水路が見学できる。ここは首都圏に水を供給する重要な出発点である。ごうごうと音をたてている利根大堰の取水口から満々と水をたたえた沈砂池に目を移すと、その両側に2つの水路（邑楽《おうら》用水路、行田水路）が見える。邑楽用水路は利根川の下を横断して群馬県に送水され、行田水路の水は行田浄水場に送られ埼玉県西部地域の市町村の水道水となっている。

沈砂池の先にある3つの水路門の一つ、見沼代用水路は江戸時代に掘削された歴史的水路で農業用水や水道用水として利用されている。もう1つの埼玉用水路は県内の水田に水を供給する。そして3つ目の武蔵水路は、埼玉県や東京都の都市用水として、同時に隅田川の浄化水を供給する重要な役割を担う。

そんな首都圏の大動脈である武蔵水路は、建設後50年を経て老朽化が進んだため、2010（平成22）年8月に大改修工事に入り、2016年3月に完了した。偶然にも2020年東京オリンピック・パラリンピックが迫っているなかでの改修であった。改修のポイントは①地盤沈下や老朽化が進んだ施設の安定通水機能の回復と耐震化　②水路周辺地区の浸水被害を軽減する内水排除機能の確保・強化　③荒川水系の水質改善、である。

　利根導水総合事務所から外に出て堤防を越え、利根川の河川敷に下りてみると取水堰の巨大さに圧倒される。堰の長さは500mで上流は水をたたえた湖のようである。ゲートは12門あり、魚がのぼるための魚道が3基ある。第1魚道は埼玉県側にあり、地下の観察室からアクリルの窓越しに魚の遡上を見ることができる。利根川はサケが遡上する南限の川で、秋には魚道を遡るダイナミックな姿が見える。毎年11月中旬にはサケ遡上・産卵観察会が行われており、2013年は特に多く18696尾が確認された。なお2018年は4142尾が遡上している。

下流側から見た利根大堰

久喜菖蒲工業団地
クリーク地帯の変貌

埼玉県東部にある久喜菖蒲工業団地は、広さが165・5ヘクタールあり、現在82区画に約90社が操業している県内屈指の工業団地である。都心から約45㎞の位置にあり、JR東北線久喜駅から約3㎞、東北自動車道の久喜インターチェンジから約300mで、首都圏外郭連絡道(圏央道)の白岡菖蒲インターチェンジからも近く交通の便は非常に良い。

この工業団地の場所は、江戸時代初期は河原井沼という県東部最大の沼で、下流の用水源の役割を果たしていた。江戸時代中期、幕府は新田開発として下流の見沼溜井の干拓を実施、その用水源として1719(享保13)年に見沼代用水を掘削した。建設にあたった紀州流土木の大家・井沢弥惣兵衛為永はその後、河原井沼の干拓にも着手し、周辺六カ村(台、三箇、除堀、原、下早見、江面)の人たちにより実施された。その方法は沼地に堀を作り、その堀の土を周囲に上げ水田化する堀上田であった。こうしてたくさんの堀、クリークが作られた。

明治以降、河川改修や耕地整理が行われたがクリークはそのまま残り、排水や灌漑、ときには舟の運搬路として利用された。稲の刈り入れ時期には水路に舟が行き交うなど他の地方にはない壮観な光景が見られた。しかし、豪雨の後は稲が見えなくなるまで湛水するなど不便な土地であり機械化にも対応しづらい土地であった。

堀上田と同じ造成方法

１９５８年に「首都圏の近郊整備地帯及び都市開発区域の整備に関する法律」が制定されると、これに基づき河原井沼周辺の堀上田に工業団地が造成されることになった。土地所有者は使いづらい土地であったために農地を手放し、１９６８（昭和43）年から造成事業が始まった。けれども土砂を大量にトラックで運搬して埋め立てると莫大な経費がかかる。そこで、造成方法として堀上田の考え方を採用することになった。

まず、工業団地中央部の約31ヘクタールを４隻の大型浚渫船によって深さ約９ｍまで掘り、

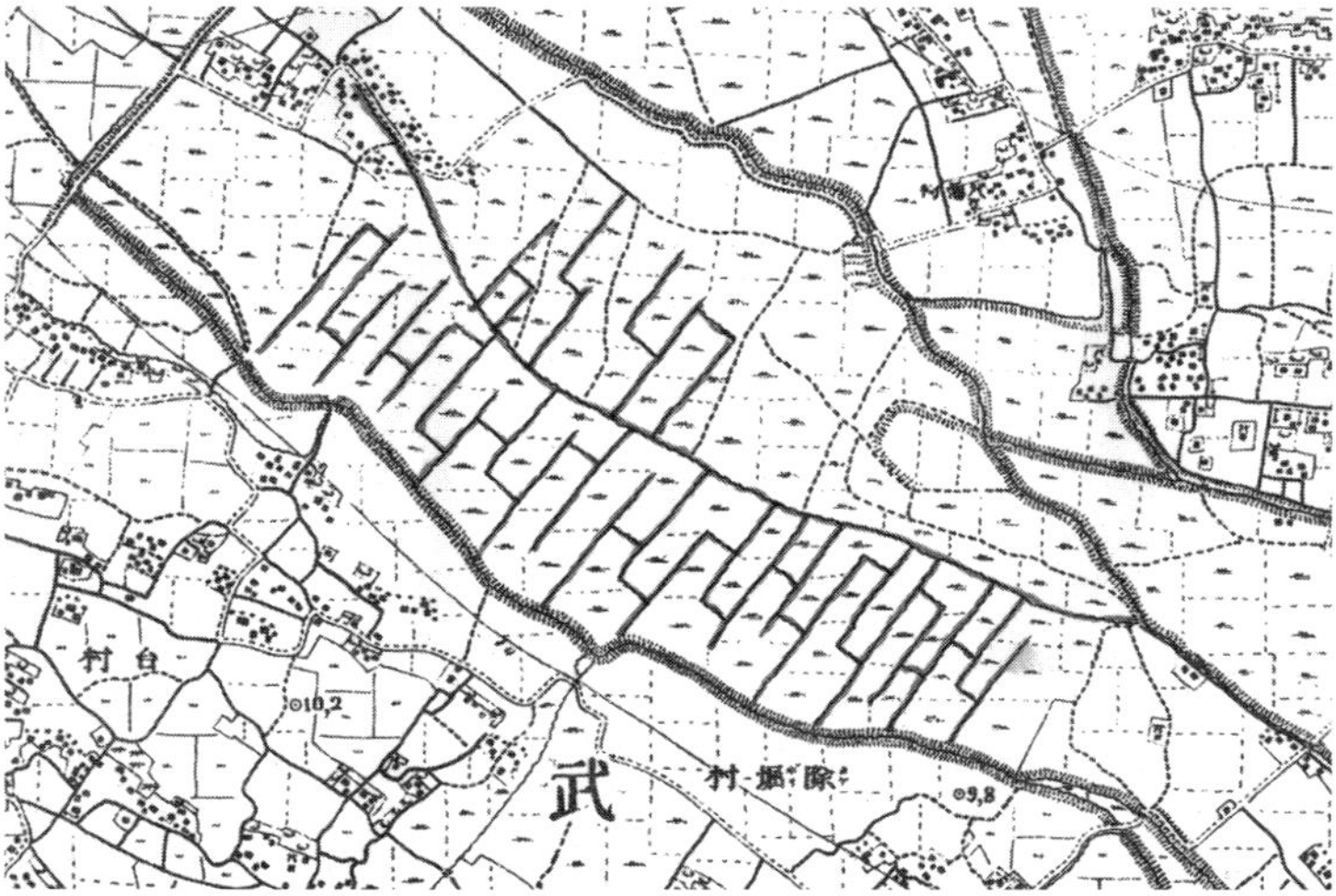

クリークが縦横に走る河原井沼の堀上田（明治 17 年測量地図「菖蒲町」に加筆）

サンドポンプで周辺を埋め立て、さらに盛り土を行なう。その結果、周囲の田んぼより1・5mほど高い土地が造成された。鹿島臨海工業地帯の造成方法と同様であるが、内陸工業団地としては全国初のケースであった。その後地盤の安定を経て1979（昭和54）年度に工業団地の分譲を完了。分譲価格は1㎡当たり平均12000円で、全分譲価格は132億円であった。

一方で浚渫によって造られた池の周囲は、県の親水公園「久喜菖蒲公園」として整備された。造成から40年を経た現在は植えられたケヤキ、サクラ、メタセコイヤも大きく成長し、1周2・5㎞のジョギングコースや、釣り場、ボート乗り場、レストランなどもあり、多くの人に親しまれる憩いの場となっている。池の水は雨水と地下水で涵養されていて、洗浄、冷却の工業用水としても利用されている。工業団地に立地する企業は水を大量に使用しない業種で、化学、金属、機械、雑貨、食料品が多い。企業は埼玉県と環境整備に関する協定書を締結しており、公害も発生していない。それが、現在まで発展してきた背景でもある。

景気が厳しくなった時もこの工業団地では倒産がなく乗り越えてきた。現在は圏央道の開通もあり立地条件はさらに良くなった。今後も恵まれた地理的条件を活かし、東部地域の産業拠点として発展していくことが期待される。

知られざる埼玉のお酒

清酒出荷量は全国第4位

お酒が飲めない下戸の私には上戸の人がうらやましい。旅行に行けばその土地のお酒があるのに、下戸な私は体質だからとあきらめている。さて、あまり知られていないが埼玉の清酒出荷量は全国第4位（2017年）と、兵庫、京都、新潟といった有名な酒所に次ぐ地域である。現在、埼玉県酒造組合加盟の蔵元は35蔵あるが、1979年の県産清酒一覧では72もの蔵元があった。豊富な地下水と水田があることに加え、県内の人口も多く、大都市東京に隣接していることが多くの蔵元を生み出してきたといえる。

良質なお酒を生み出す水と米

お酒をつくるには大量の水が必要である。とくに良質の酒をつくるにはカリウムとマグネシウムが多く、鉄分や有機物をほとんど含まない水が重要となる。埼玉の酒水は荒川水系（荒川、名栗川、高麗《こま》川、槻《つき》川）と利根川水系に区分され、いずれも地下の伏流水を利用している。全体的に埼玉の水は軟水のため、口当たりの良いまろやかな酒と言われるが、荒川水系は秩父山地の石灰岩の影響でカルシウムが多く、やや水の硬度が高いようである。
もうひとつの重要な原料である酒米は味に大きな影響を与える。埼玉県では新しい酒米として2004(平成16)年、「若水」を父に、「改良八反流」を母に持つ「さけ武蔵」が開発された。さけ武蔵は大粒品種であり、良質の麹を作ることができるので酒造りに適していると言われている。近年、埼玉県産業技術総合センター北部研究所で開発された酵母は吟醸酒づくりに適していて、全国新酒鑑評会での高い入賞率に一役買っているそうだ。なお埼玉の蔵元は左記のように現在35蔵ある。

【さいたま市】①内木酒造 ②大瀧酒造 ③小山本家酒造 ④鈴木酒造 【上尾市】⑤北西酒造 【毛呂山町】⑥麻原酒造 ⑦佐藤酒造 ⑧長澤酒造 【川越市】⑨小江戸鏡山酒造 【飯能市】⑩五十嵐酒造 ⑪有馬錦酒造 【小川町】⑫武蔵鶴酒造 ⑬清雲酒造 ⑭松岡醸造 【秩父市】⑮矢尾本店 ⑯武甲酒造 ⑰秩父菊水酒造 【熊谷市】⑱権田酒造 【深谷市】⑲藤橋藤三郎商店 ⑳滝澤酒造 ㉑丸山酒造 【長瀞町】㉒藤﨑摠兵衛商店 【美里町】㉓横関酒造 【行田市】㉔川端酒造 ㉕横田酒造 【羽生市】㉖南陽醸造 ㉗東亜酒造 ㉘キング醸造 【加須市】㉙釜屋 ㉚清水酒造 【蓮田市】㉛神亀酒造 ㉜清龍酒造 【久喜市】㉝寒梅酒造 【幸手市】㉞石井酒造 【杉戸町】㉟関口酒造

埼玉の酒造りの歴史と展望

埼玉の蔵元の歴史は平均で160年ほどである。なかには寛延元年（1748）に創業した加須市の釜屋のような蔵元もある。近江商人が関東にやってきて、大消費地の江戸に近いので始めたという。関東では酒造りの専門家集団である杜氏は南部杜氏（岩手県）と越後杜氏（新潟県）に大きく分かれるが、現在の県内の蔵元を見ると南部杜氏が多い。越後の杜氏が始めた蔵元としては深谷市の滝澤酒造（創業1863年）、飯能市の五十嵐酒造（創業1897年）などがある。最近では杜氏の不足により、蔵元の経営者が大学の醸造科で学び、研究を重ねて自前で酒造りをする社員杜氏が増えている。

こうした埼玉の清酒はどんな特徴があるのだろうか。1979（昭和54）年に国税庁が全国

埼玉の35蔵の地酒が試飲できる川越市内の「蔵里」店内

の1級酒を対象にアルコール分、比重、エキス分、酸度、アミノ酸度、濁度などを分析し利き酒をした結果、埼玉のお酒は辛口傾向で新潟と傾向が似ていると評された。2016年の国税庁の全国市販酒類調査によると埼玉のお酒は、やや濃醇・やや辛口とされている。

現在、全国の清酒の蔵元の大半は、日本醸造協会が培養した4種類の酵母のどれかを使っている。杜氏の技術も高い水準にそろってきたことから、味が画一化しているとの声も聞かれる。それでもそれぞれの蔵元が独自に作り出した清酒はバラエティーに富んでいる。特に埼玉は首都圏の一大消費地にあることから、値段より品質で勝負することが重要となる。

有機農業で有名な小川町の蔵元は、地元の無農薬米を使い、一切添加物を使用しない限定品をつくっている。秩父のように地元のお酒やジュースで乾杯しようという「乾杯条例」を制定するなどで行政が後押ししているところもある。そのほかに外国人旅行客や若い人を意識したスパークリング日本酒の開発も進んでいる。酒は百薬の長といわれる。人生の伴侶として楽しくゆったりと埼玉の地酒を味わいたいものだ。

ユネスコ無形文化遺産

東秩父村と小川町の和紙

東秩父村と小川町で継承されている手漉き和紙が、2014(平成26)年11月26日、パリで開催されたユネスコ無形文化遺産保護条約政府間委員会で「人類の無形遺産の代表的な一覧表」に記載(登録)されることが決まり、関係者は喜びに沸いた。全国にある和紙産地の技術(埼玉県「細川紙」、岐阜県「本美濃紙」、島根県「石州半紙」)は、1978(昭和54)年に重要無形文化財に登録されたが、これらをまとめて「和紙」として申請し登録されたのである。申請要件としては日本の重要無形文化財であることに加え、「十分な保護措置が図られ、多くの人が同意した事案であること」、「文化遺産が世界に知られ、重要性や意識が向上し、世界の中での文化の多様性を理解した議論ができること」であった。

歴史ある和紙づくり

774年の正倉院文書『図書寮解』に「武蔵国紙」と記されているように埼玉には古くから手漉き和紙の技術があった。江戸時代になると和歌山県高野山麓にある細川村の細川奉書(武家時代将軍の命を受けて下した文書）を作る技術が現在の小川町、東秩父村に伝わり、大消費地の江戸に近いことから和紙の一大産地として栄えた。とくに小川町は、原料の楮《こうぞ》が生育しやすい山があったこと、楮の加工に適した槻《つき》川や兜川が流れていたことが発展要因となった。和紙を漉くには大量の水が必要であり、しかも清冽で鉄分が少なく、チリや砂などがない良質の水が必要である。こうした水環境が和紙づくりには欠かせない。

和紙の原料となる楮の繊維はパルプよりも細く長い。このため楮だけで作られた細川紙は強靭で、商家の大福帳（商売の勘定を記した元帳）や襖の下張りなどに使われた。戦時中はさらに強靭な紙を作り風船爆弾に利用された。現在も和紙は和本用紙、着物を包むたとう紙、着物の染色用型紙原紙、古文書補修用紙として、さらには壁紙や障子、照明などのインテリア、版画や水墨画用紙など芸術・工芸用紙としても用途が広がっている。今も細川紙と名乗り続けているのは、そのブランド名と共に伝統の技を引き継いでいるという誇りからだと思われる。

細川紙のつくりかた

伝統的な細川紙の原料は、楮とトロロアオイである。楮はクワ科の落葉樹で1年で2～5mになる成長の早い植物で11月頃に切り出す。太さは2～5㎝ぐらいである。トロロアオイはアオイに似た美しい花を咲かせるが、根をたたきつぶして出た粘液を使う。水槽に入れた粘液が楮の繊維を均等に分散させつなぎ合わせるのである。小川町では楮は「かず」と呼ばれ、紙づくりの工程は次のようになっている。①**楮切り**　刈り取った楮を70～80㎝ほどに切りそろえる。②**楮かしき**　楮を2時間ほど大きな釜で蒸す。③**楮むき**　楮の表面の皮をはがす。④**楮ひき**　皮の表面の黒い部分を削り取り、内側の白い部分だけにする。⑤**楮煮**　皮を柔らかくするため大きな釜に入れて煮る。このとき不純物を溶かすために草木灰やソーダを入れる。⑥**楮さらし**　柔らかくなった楮を水槽に入れゴミをとり、きれいな川の水で何度も洗う。昔は冬、川沿いに小屋を作って寒い中作業をしていた。⑦**楮打ち**　きれいになった楮をたたいて繊維をほぐして柔らかくする。現在は打解機にかける。こうして紙の原料が出来上がる。⑧**とろ叩き**　トロロアオイをたたいて粘液のネリを出す。⑨**紙漉き**　紙原料とトロロアオイの粘液を水槽でよくかき混ぜる。とろとろの

東秩父村にある和紙センターの紙漉き

液をすくうように一枚一枚紙を漉いて重ねていく。汲んだ液をリズミカルに動かし比較的薄い紙をつくる「流し漉」の技法と、汲んだ液をそのままにして厚い紙をつくる「溜め漉」の技法がある。**⑩かんだしぼり**　圧搾機で紙の水分を絞る。**⑪紙干し**　水分を絞った紙を干し板に干す方法と、ステンレス製の乾燥機に張り付けて乾燥する方法がある。現在は後者がほとんどである。**⑫紙そろえ**　ゴミをとったりして紙をそろえて完成。

技術の伝承が課題

日本の誇る紙すき技術の伝承は大きな課題である。なぜなら細川紙の技術認定者は東秩父・小川両地区で8人と少なく皆高齢を迎えているからだ。職人としての技術の認定を受けるには、同じ品質の紙を何百枚と漉けることが必要である。作業中の日差し、温度などからも紙すきは微妙に影響を受けるので、経験と勘がないと一定のうすい紙を漉くことはできない。そのため一人前の紙すき職人になるには15年かかるという。

いま、両地区とも行政の主導で楮やトロロアオイの栽培を増やし、後継者発掘に取り組んでいる。伝統技術の養成には時間がかるので、地方自治体に加え国がバックアップすることも必要だ。国の援助があれば後継者が仕事に打ち込める。世界に誇れる手漉き和紙は、日本の伝統文化の価値を高め、富を生むものと確信する。

第5章

埼玉の地域おこしまちづくり

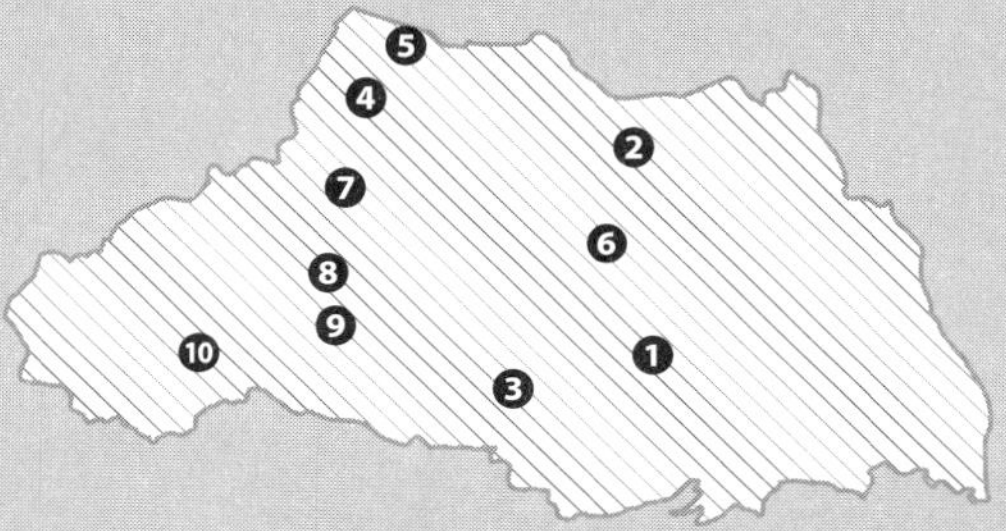

❶ 川越市／蔵造りの町並み
❷ 行田市／足袋と足袋蔵の街
❸ 日高市／巾着田曼珠沙華公園
❹ 本庄市／競進社模範蚕室
❺ 本庄市／旧本庄銀行煉瓦倉庫
❻ 吉見町／吉見百穴
❼ 長瀞町／岩畳
❽ 秩父市／秩父神社
❾ 横瀬町／武甲山
❿ 秩父市／三峰神社

概要

埼玉の地域おこし・まちづくり

まちづくりにとって地域の歴史は欠かせない。歴史といっても文献や遺跡・遺物に限定されたものではない。地形や河川などの自然環境の上に、人々の長い営みが積み重なって作り出された景観。それこそが地域の歴史である。

埼玉の歴史と景観

かつて秩父は知知夫国と呼ばれ、武蔵国以前に栄えた国であった。毎年盛大に行われる秩父夜祭は、秩父神社の例大祭のつけ祭りだ。その祭神の一つが知知夫国の国造であった知知夫《ちちぶ》彦命《ひこのみこと》である。秩父地方は自然銅の献上でも知られるように鉱物資源にも恵まれ、古くから都と関わりのある先進地域であった。一方の武蔵は牟邪志《むさし》国と呼ばれ、台地の解析谷に望む水の得やすいところで開発が始まった。やがて知知夫国と牟邪志国があわさって武蔵国となる。現在の埼玉県、東京都、神奈川県を含む地域である。

鎌倉時代以降、武蔵国は長く戦乱が続いたが、小田原北条氏の支配を経て、16世紀末には豊臣秀吉により関東が統一され、徳川家康が江戸城に入る。その後、徳川幕府により江戸の都市づくりが行われた。現在の埼玉地域は低平な地形であるため、街道や脇往還、舟運の水路などが整備された。江戸に近いことから川越、岩槻、忍、岡部の4藩を除いて幕府の直轄地である幕領と旗本領が大部分を占めていた。そのため関東郡代伊奈氏一族により、利根川東遷、荒川の瀬替えなどの大治水事業が行われ、食料増産のための新田開発などが長く継続して行われた。

現在の埼玉の特色は、東西に比べ南北交通が発達し、都市の数も40市と多いことである。これは江戸時代に形成された街道沿いの宿駅などがもとになっている。東京の人々の水や食料を供給している点も江戸時代と同じ地理的環境が影響している。そうした江戸・東京との関わりもあって川越の町や、行田の足袋づくりが発展し、秩父地方は養蚕や絹織物で、県北地域は絹や繭の取引で栄えた。

ところが戦後の高度経済成長期以降、人口の急増や産業構造の変化などで古い町並みや景観が次第に失われていった。やがて市民の間から古い街並みや自然環境を見直す動きが始まり、歴史的景観の保護と活用による地域の活性化が進んでゆく。本章では県内のそうした事例をいくつか紹介している。

新しいまちづくり

現在、日本では少子高齢化が急速に進んでいる。東京への一極集中が続く中、地方では生き残りをかけた模索が続いている。埼玉県は人口が732万人と全国5位（2018年）で、年々増加している。しかし県内で増えているのは東京都に近い地域で、圏央道以北の地域では人口減少と高齢化が急速に進んでいる。

飯能市も人口減少と高齢化が課題である。そこで市では「民間資本を誘導して、市内経済を活性化させる」ためにテーマパークを誘致した。それが日本初のムーミンのテーマパーク「メッツア」である。2019年3月にオープンした「ムーミンバレーパーク」はムーミンの物語を追体験できる屋敷やアトラクションがある。もうひとつのエリア「メッツアビレッジ」では北欧雑貨などが販売され、カヌーでの湖面散策や西川材を使用したワークショップなどが体験できる。

飯能市は森林文化都市として自然との調和を

飯能市ではムーミンのテーマパークを誘致

掲げていたことから、事業者も「湖と森の国と言われているムーミンにとってぴったりの場所」と立地を決定した。施設の中心にある宮沢湖は、１９４１年に完成した農業用ため池であるが、入間川の小瀬戸に堰を設け、地下水路で導水し、終点近くで浄水した水を使っている。そのため水は澄み、湖畔の針葉樹とマッチし、まさに北欧の雰囲気を醸し出している。

官民一体となったまちづくりの事例では所沢市の「ＣＯＯＬ ＪＡＰＡＮ ＦＯＲＥＳＴ（クールジャパンフォレスト）構想」がある。所沢市と株式会社ＫＡＤＯＫＡＷＡの共同プロジェクトで、旧所沢浄化センターの跡地4万㎡に巨大な文化複合施設をつくり、そこを拠点に「みどり・文化・産業が調和した地域づくり」を進める計画だ。施設は２０２０年4月に完成予定だが、書籍製造・物流倉庫、ホール、図書館・美術館・博物館の３つが融合したミュージアム、地産地消をテーマにしたフードコート、書籍などのストア、ホテルなどで構成されている。ＪＲ武蔵野線東所沢駅から徒歩10分の距離にあり、完成すれば新たな文化発信拠点となり、多くの人が集う場所となることが予想される。

単に大型商業施設を建設するのではなく、埼玉の自然環境や歴史、文化を活かし、新たなライフスタイルや観光を提案する開発こそが、これからの地域活性化につながると思われる。

歩いて・見て・学び・味わう

川越の町

テレビの街歩き番組や多くの雑誌に川越の蔵造りの町並みが取り上げられ、年間を通して多くの観光客が訪れている。最近は着物を着て歩く女性が目立ち、レトロな町並みに合う新たな魅力が加わった。春・秋には遠足に来た中学生がグループで行動する姿をよく見かける。川越は城下町で本丸御殿や喜多院などの名跡が多く、歴史を学ぶ博物館もあり、子どもにとって楽しい菓子屋横丁や、グルメ派にも嬉しい飲食店が多い。観光客数は年々増えており、２０１６年には７００万人を超えた。このような川越の魅力はどうやってつくられてきたのだろうか。

城下町として発展した川越

まちの基となった河越城は１４５７年に太田道真・道灌父子によってつくられた。城は武蔵野台地の突端に築かれ、台地の縁に沿って流れる赤間川は天然の堀であった。江戸時代になると、幕府は江戸の北の守りを重視して川越城に親藩・譜代大名を配置した。しかし１６３６（寛永13）年の大火で城と再興したばかりの喜多院まで焼失してしまう。１６３９（寛永16）

年、松平信綱は大規模な都市計画事業に着手して、川越城を拡大し、十ヵ町四門前町の地割をつくり、ほぼ現在の川越の道路網の基礎を作った。

明治になり川越は県西部の商業の街として発達していく。ところが再び1893（明治26）年の川越大火で町の4割を焼失する。大沢家など何棟かの土蔵や店蔵が焼けずに残ったのをみた川越商人は、復興にあたって伝統的な土蔵造りを採用し、今につながる蔵造りの町並みが形成された。その後、時代を経る中で洋風建築の建物や店舗なども増え、様々な様式の建物が並び立つようになった。

蔵造りの町として再生

1960年代に町の中心が南側の川越駅・本川越駅周辺に移動すると、古い町は活気を失い今でいうシャッター通りの雰囲気を漂わせるようになった。暗く不便であるとして蔵造りの家は壊され、看板によって軒は隠され、古い町並みが徐々に失われつつあった。

そうした中、川越では町並み保存運動が起こり、1971年に蔵造り商家大沢家が重要文化財に指定された。現在の蔵造り資料館となっている旧小山家住宅の取り壊し反対運動も起こり、市の買い取りへとつながった。1975年には国の文化財保護法が改正され、重要伝統的建造物群保存地区（重伝建地区）制度が生まれる。川越も調査の対象地区に選ばれたが、行政では道路の拡幅計画があり、商店会では重伝建地区への指定に不安を持つ人もいて、すんなりとは進まなかった。

そうした中で1983年、若手経営者の青年部を中心に「川越蔵の会」が結成された。保存と観光化を優先するのではなく、商店街の活性化こそが蔵造りの町並み保存につながるという考えで始まった。この頃、国は「コミュニティマート構想モデル事業」を各地に提案していた。商店街を単なる買い物の場でなく、人々が憩いつどい楽しめる場にする構想だ。これに申請したところ指定に至り、1987年には、「街並み委員会」が創設され、商店街、行政、専門家の三者による協議で町づくり規範などが制定された。規範の策定にあたって商店街全会員からの署名捺印は丁寧に時間をかけて行われたという。それに基づき菓子屋横丁路地の石畳化や電線の地中化などが進んだ。こうして蔵造りの町並みが鮮明に現れ、その見事な景観に観

川越の蔵造りの町並み。この日は車道が歩行者天国となっていた

光客が急増した。

その後、市は1998年に伝統的建造物群保存地区都市計画を条例決定し、それを受けて翌年国は重伝建地区に選定した。関東では千葉県佐原に次ぐ指定であった。指定されると税制の優遇があるが、建物の改修には制約を受ける。

川越の伝統的な街並みは、間口が狭く、奥行きが長い敷地で、奥に中庭があることが特徴である。従来それらは欠点であるとされてきたが、現在はむしろそうした点を活かして歴史的景観を損なわない優れたデザインの店舗が作られている。このような町並みの景観に沿う変更であれば補助金が交付される。なお東京は関東大震災や東京大空襲で蔵造りは焼失しており、川越がその姿を今日に残していることになる。

700万人を超える観光客への対応

川越祭りは10月の第3日曜日と前日の土曜日に開催される。絢爛豪華な山車の曳行は江戸天下祭りを再現したものと言われる。そのため毎年90万余りの人が訪れる。秋の夜の山車の「ひっかわせ」は祭りのクライマックスの場面で観客も興奮を覚える。全部で29台ある山車は年により出る数が異なるが、まつり会館では祭りの様子を山車の展示と映像で見ることができる。2016年、川越まつりを含めて全国33件の「山・鉾・屋台行事」がユネスコ無形文化遺産に登録されることになり、川越では初めて観光客数が700万人を突破した。

このような観光客増加に伴い様々な課題も浮かび上がっている。毎年行なっている観光客へのアンケートで一番の要望となるのは、一番街を中心とした地域の「交通の安全性の向上」である。行政側も集中的に道路の改修や駐車場の設置に努めているが、もともと狭い道路である。試験的に一番街の道路を一方通行にしたこともあったが、裏道が混むことを警戒する人もおり、総合的な交通対策が指摘された。しかし事故が起こってからでは遅い。せめて川越の魅力を堪能するために土曜・日曜日のいずれか時間を設けて歩行者天国にできないかと期待している。

今後、日本の伝統を求めて訪れる外国人観光客の増加も予想される。そのためには宿泊施設の増加も望まれる。川越の魅力はたくさんあり、宿泊してこそ、さらに楽しむことができる。

日本遺産に認定

足袋と足袋蔵の街　行田

作家池井戸潤の小説『陸王』は、行田《ぎょうだ》の老舗足袋屋が今までの技術を活かしてマラソンシューズづくりに挑戦する企業再生の物語である。２０１７年10月にテレビドラマ化され高い視聴率を上げた。「こはぜ屋」という架空の企業が舞台だが、撮影には市内にある大規模足袋工場（現在は被服工場）のイサミコーポレーション・スクール工場が使われた。ほかにも随所に行田市内の風景が映し出され地域のPR効果は高かった。そのため２０１８年度の観光客数は例年の１４０万人をはるかに超えた。

足袋の歴史

行田市では江戸時代の中ごろから武士の妻たちの内職として足袋づくりが盛んになった。周辺の地域では綿栽培と青縞《あおしま》（藍で青く染めた糸で織った縞木綿）の生産が盛んで原料が入手しやすかったことが背景にある。とくに明治20年代以降はミシン導入による機械化、工場での分業生産による生産体制が確立し、最盛期の１９３８（昭和13）年には約２００社が操業し、年間約

８４００万足、全国シェアの約８割の足袋を生産する日本一の足袋の街として繁栄した。

　秩父鉄道行田駅から徒歩５分のところにある「足袋とくらしの博物館」（土曜・日曜のみ開館）では足袋づくりを学ぶことができる。一般的には、足袋生地を反物から伸ばす「ひきのし」から足袋の形に「裁断」し、最後の「仕上げ」まで14の工程で分業生産される。見どころは電動ミシンでこはぜをかける太い糸を通し縫いするところと、数個のこはぜを連続して縫い付けるところである。重厚な音をたてて仕上げていく様子は見事である。館内には全国百社余りの足袋会社の商標などの資料があり、往時の様子を知ることができる。

　しかし１９５４（昭和29）年頃からナイロン靴下の量産がはじまり、洋装化が急激に進行すると足袋の生産量は減少していった。現在市内

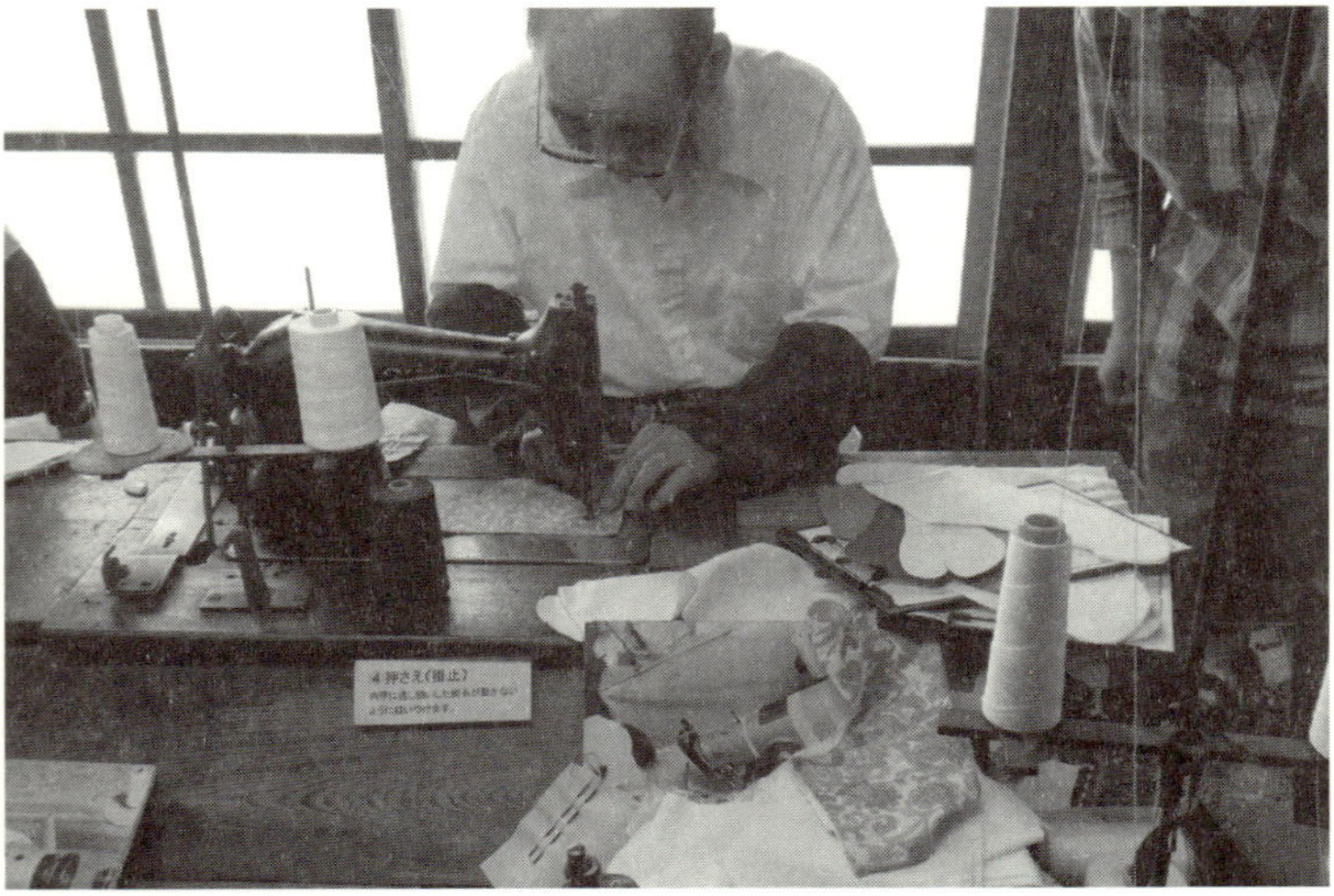
「足袋とくらしの博物館」での足袋作りの実演

では20社余りが足袋生産販売に携わり、年間約141万足、全国シェアの約35%を占めている。今は賃金の高騰や職人の高齢化、施設の老朽化などから生産拠点を市外、さらには海外に移すケースが目立つという。

足袋蔵の再活用

行田の町を歩くと、かつての繁栄を示す足袋蔵を随所に見ることができる。足袋を貯蔵した足袋蔵の建設は明治後期に本格化し、土蔵、石蔵、木造、鉄筋コンクリート造など多種多様の足袋蔵が1950年代まで建設され、現在市内には約80棟が残っている。

この蔵を保存し利活用しようと商工会議所では「蔵再生にぎわい創出事業委員会」を2003（平成15）年に結成した。さらに有志が集まり、翌年NPO法人「ぎょうだ足袋蔵ネットワーク」を創設、まずは解体予定であった旧小川忠次郎商店の店蔵を蕎麦屋として再生した。改修後の蔵は行田市初の国の登録有形文化財に登録された。

つづいて先述した「足袋とくらしの博物館」を開館した。ここは1922（大正11）年に棟上げした老舗牧野本店の工場と土蔵である。工場は3代続いたが、足袋需要の急減、後継者不在などで2005年4月に廃業し、取り壊されようとしていた。それを足袋蔵ネットワークが借り上げて改装し、同年10月に博物館として再生したのである。さらに市内の蔵をめぐるスタンプラリーや蔵元会議を定期的に開催するようになった。こうした活動に埼玉県も補助金を出し、蔵の再利用を支援した。

２００９年には旧栗原代八商店の栗代蔵を改装し、行田市の観光案内所「足袋蔵まちづくりミュージアム」をオープンする。ここでは蔵の構造や足袋の歴史をまなび、足袋を購入することができる。

このような動きが評価され２０１７（平成29）年４月、「足袋蔵のまち行田」として文化庁から埼玉県内初の日本遺産に認定された。認定は、地域に点在する文化財をパッケージ化して、地域の魅力を国内外にわかりやすく伝え、観光振興につなげる狙いがある。

もともと行田には忍《おし》城周辺の水城《すいじょう》公園、埼《さき》玉《たま》古墳群、古代蓮の里などの観光地がある。２０１８年には、市内にあった木造洋風建築の「旧忍町信用組合店舗」が水城公園ほとりに移築され、カフェとして再利用されている。足袋

足袋蔵を再利用したパン屋

蔵を利用したパン屋や蕎麦屋の店舗、博物館なども含め、これら町の文化財を面として活用することで、楽しみと学びのネットワークとなることが期待されている。

足袋は日本の文化と密接な関係があり、今も様々な分野で使用されている。私が小学校の１９５０年代はまだ足袋をはいて通学した。運動会では裸足足袋なるものをはいた。とても軽くて速く走れた思い出がある。足袋が新たな形で見直され、行田の足袋蔵や文化財の利活用が進むことを期待している。

水城公園に移築された「旧忍町信用組合店舗」はカフェとして再利用されている

彼岸花が赤く彩る

渡来人の歴史の里　巾着田

暑かった夏も終わり彼岸近くになると、待っていたかのように道端や田んぼの畦道などに赤い彼岸花が咲きだす。群生すると燃えるように赤く、曼珠沙華とも呼ばれ、中国伝来の花であるという。県内では日高市の巾着田の群生が有名である。地名の由来は高麗《こま》川の流れが蛇行して、上から見ると巾着袋のような地形になっているからである。近くの日和田山（305・1m）から眺めるとよくわかる。ニセアカシヤの林下に満開となった赤い群落は実に見事で、シーズン中の来場者は30万人を超えると言われる。

水没の危機に瀕した巾着田

今では多くの観光客が訪れている巾着田だが、45年前にはそっくり飲料水専用のダム（日高貯水池）にする計画が進められていた。周辺丘陵で進む住宅団地などによる人口増に対しての水源確保が目的であった。規模は17・7ヘクタール、予定貯水量は136万トンであった。ところが自然保護を訴える地権者の反対もあり、1973（昭和48）年から開始された用地買収は進まず、水利組合との話し合いも難航し、計画は暗礁に乗り上げた。そこで差し迫った水需要増大に間に合わないため地下水を新たに水源とした。さらに高麗川の水量減でダムを造っても計画通りの取水が出来そうにないこと、計画が5年も遅れ建設費が大幅に上昇したことなどから、1980（昭和55）年6月議会において計画を正式に断念することになった。こうして貴重な歴史・地理景観が残ることになったが、水道ダム計画用に市が取得した土地はやがて藪になっていった。

1989（平成元）年、藪となった巾着田を整理したところ、元々自生していた彼岸花が一斉に咲き始めた。その後年々増える来場者に対して一元的に管理する体制として地元の人々による巾着田管理協議会が組織された。現在、群生地は川沿いに長さ600m、幅50mに渡って

巾着田の彼岸花

いる。全国的にも最大級のものと言われる。また、もともと水田であったところには春には菜の花、秋にはコスモスが見事に咲き乱れる。

歴史と自然の里

彼岸花は球根で増えるので、管理事務所では球根を掘り起こし、ほぐして移植してきた。晩秋に花が咲き終わると水仙に似た細長い濃緑色の葉が出て、冬の日差しを浴び養分を蓄積する。春になると葉は枯れてしまうので、夏に林の下草を刈り取り、秋の開花までの準備をする。

開花の時期は気候と密接な関係があるので、ホームページで確認していくのがよい。過去の最盛期は9月後半頃で、秋の彼岸の頃に一致している。残暑が厳しいと遅れるが、満開は開花から約1週間である。2017年9月20日には天皇・皇后両陛下が巾着田や高麗《こま》神社を訪れたがちょうど見ごろであった。開花時期は観光客が殺到し、周辺道路は大混雑するので、西武鉄道高麗駅から歩くのが良いだろう。10分ほどで到着する。

日高市周辺は1300年前、高句麗から渡来した人々が開拓し、養蚕などの朝鮮の文化が広がった先進文化拠点であった。巾着田を訪れた後は、近くの高麗郷古民家（旧新井家住宅）から日和田山南麓の高麗川遊歩道を通り、聖天院から高麗神社などを散策すると、高麗郡建郡当時をしのぶことができる。

広域的なつながりを活かす

県北の絹産業遺産群

2014年6月、富岡製糸場と絹産業遺産群がユネスコの世界遺産に登録され、群馬県は喜びに湧いた。世界遺産は富岡製糸場、田島弥平旧宅、高山社、荒船風穴で構成され、4市にまたがっている。残念なのは埼玉県にも同様の遺産群があるのに登録されなかったことである。田島弥平旧宅のある伊勢崎市の隣の深谷市には、富岡製糸場の開設に尽力した渋沢栄一生地（中の家）と初代場長の尾高惇忠生家がある。そして本庄市のJR八高線児玉駅前には、高山社と並ぶ価値のある絹産業遺産、競進社模範蚕室がある。ここは高山社の高山長五郎の弟、木村九蔵が考案した蚕の新飼育法「一派温暖育」を実践・教授した施設である。「一派温暖育」は、炭火の火力によって蚕室を保温・防湿し、蚕病を防止する飼育法で、養蚕業の発展に大きく貢献したといわれる。

蚕の神様　木村九蔵

木村九蔵は1877（明治10）年、同志と養蚕改良競進組合を結成する。1881（明治14）

年には新しい品種である「白玉新撰」を生み出して世に送り出し、「全国、養蚕のあるところ、必ず白玉あり」と言われるほどであった。その後、1884年には組織を拡大して養蚕改良競進社と改めて事務所と伝習所を開設、1894年にはのちに模範蚕室と呼ばれる一派温暖育飼育法の蚕室を建設した。木村は1889年3月官命により、イタリア、フランスの養蚕の実態を視察して多くのことを学び、10月に帰国する。中でも蚕種の貯蔵方法について大いに学ぶところがあり、広く出資をつのり、蚕種貯蔵庫を本庄町内に造った。その設計については競進社模範蚕室内の展示資料（写真）で見ることができる。

木村の蚕種貯蔵庫はヨーロッパ2国の方法を折衷した精巧な装置で、軽井沢の天然氷の冷気をまんべんなく行き渡らせる工夫がされてい

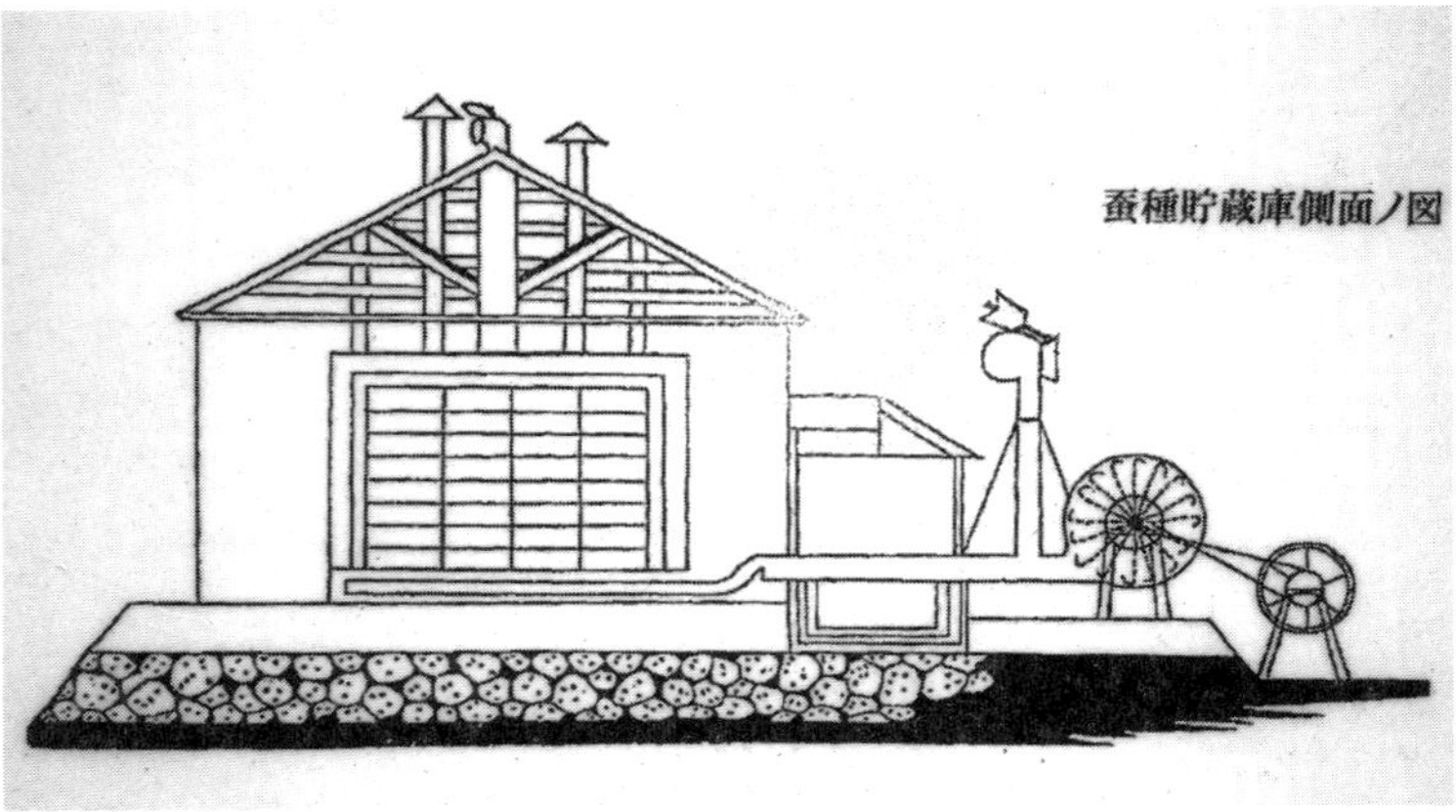

木村九蔵が考案した蚕種貯蔵庫（競進社模範蚕室内の展示資料）

た。これにより春蚕だけでなく複数回繭をとることができ、繭の増産につながった。この蚕種貯蔵庫は現存していないが、群馬県の田島弥平宅には跡が残っているので、ぜひきちんと保存してほしいものである。

木村は伝習教育だけでなく学問的教育の重要性を認識し、1897（明治30）年に競進社蚕業講究所を開設した。しかし翌年、蚕の神様と惜しまれながら世を去った。享年55歳であった。会葬者は1万人を超えたという。1899年には競進社蚕業学校が設立され、北海道を除く全国から生徒が集まってきた。学校はその後変遷を重ね、現在の児玉白楊高等学校に至っている。現在、高校内にある競進社史料記念館には、顕微鏡をはじめ当時の書物など一級の資料が保存されている。そして彼が残した功績は競進社木村九蔵碑に刻まれている。

高窓が特徴的な競進社模範蚕室

県を越えた絹産業遺産群

本庄市は、明治から昭和初期にかけて繭の集積地として繁栄した。その面影を残す建築物が市内に残っている。国登録有形文化財の旧本庄商業銀行煉瓦倉庫は、銀行が担保として預かった繭や生糸を保存する倉庫として1896（明治29）年に建てられた。現在、煉瓦倉庫は耐震補修を経て、交流スペースや多目的ホールとして使われている。2018年にはユネスコのアジア環太平洋文化遺産保全賞を受賞し、「徹底的な研究に基づいた体系的な保存の方法論により、かつて繁栄した絹産業に関連する建物に新しい命を与えた」と高く評価された。

ほかにも本庄市東小平地区には、競進社の蚕室と同じように換気と採光用の高窓がついた養蚕農家が残っており、高窓の里と呼ばれている。

こうした本庄市の絹遺産産業群、さらに深谷市の渋沢栄一、尾高惇忠にまつわる史跡、そして群馬県の絹産業遺産群をあわせて、広域的な観光資源にしようと2016年から「上武絹の道」事業が進められている。埼玉県・群馬県の6市1町が連携し、絹の道をたどるツアーなどが開催されている。

発掘から１３０年

貴重な古代遺跡　吉見の百穴

埼玉県西部の吉見丘陵は、かつては緑の多い丘陵であった。しかし１９６０年代から70年代にかけて、道路建設や埋め立て用の土砂採掘が大規模に行なわれて破壊され、そのあとは住宅地や工事用地、ゴルフ練習場となっている。１９６０年代には比企ネオポリスと呼ばれる住宅開発が行われたが、上水道の確保がネックになり行き詰った。

しかし、開発で明らかになった地質学上の発見もある。ある採掘場からはザクロ石角閃岩が含まれる変成岩が現れた。これは長瀞《ながとろ》に見られる三波川変成岩とは異なる貴重なもので吉見変成岩と呼ばれる。変成岩とは、様々な岩石が地下で高温・高圧化の条件に置かれて別の岩石に変ったものである。

吉見変成岩は非常に硬いが、吉見丘陵を形成するもう一つの新第三紀層は比較的柔らかい。この新第三紀層の砂岩が珪化作用で固くなったともいわれるのが、丘陵北東部に突き出たポンポン山である。高負彦根《たかおひこね》神社の裏手にあるこの山は、頂上で飛び跳ねるとポンポンと音がすることから名づけられた。そして新第三紀層の凝灰岩を削って造られたのが横穴古墳の吉見《よしみ》百《ひゃく》穴《あな》である。

不思議な吉見の百穴

日本考古学の草創にかかわる大森貝塚の発掘で有名なモースは、1879（明治12）年8月に吉見百穴を訪れている。そして「百穴は埋葬窟であったが、その後何度も避難民がそこに住った」と簡潔に記し、墳墓と位置づけていた。その前年には外交官のハインリッヒ・フォン・シーボルト（長崎出島に在日したシーボルトの次男）が黒岩横穴墳墓群を視察している。

1887（明治20）年には坪井正五郎博士による本格的な発掘が、地元有力者の根岸武香の協力の下で行われた。坪井は先住民族が穴居のために構築し、その後日本人の祖先が葬穴として使用したと考えた。一方で横穴は当初から墳墓だったとの説もあり穴居論争に発展した。し

吉見百穴

かし現在は古墳時代後期（6世紀後半から7世紀後半）に築かれた横穴古墳群という群集墓であるとされている。

吉見百穴は１９２３（大正12）年、国の指定史跡に選ばれ、現在２１９基残っている。横穴墓は全国にあるがこれだけ密集している例はないという。吉見町にあるもう一つの横穴古墳は、北部の八丁湖周辺にある黒岩横穴群である。規模は吉見百穴をしのぐ５００基あるといわれるが、ほとんどが未発掘で詳細は不明だ。なお県内には横穴墓が現在15カ所確認されている。坪井正五郎博士の発掘から１３０年、この間に多くの発掘により研究成果があげられたが、まだまだ不明の点がある。今後は、朝鮮半島南部の百済の地にみられる横穴墓と九州の墳墓との関連が研究課題となっている。また、群集墓は地区の有力者に管理されたと思われるので地域の有力墓との関連調査も期待される。

観光に力を入れる吉見町

吉見百穴という史跡とその発掘出土品は考古学的にも非常に重要である。また、太平洋戦争末期に掘られた軍需工場用のトンネルなどの戦跡も残っている。そして百穴の北側下部の横穴には、光を受けると緑色に輝く貴重なヒカリゴケが自生している。吉見町がＰＲした結果、年々百穴の観光客数が増えており、２０１７年の入場者数は6万8千人を超えたという。全国的にも貴重な史跡である「吉見百穴」へぜひ一度訪れていただきたい。

COLUMN

今も残る伝統の団扇づくり

かつて越生《おごせ》の特産品は、江戸時代から続く生絹と団扇だった。１９２６（大正15）年の『入間郡志』には「絹、生糸の産あり。越生絹の名著はる。（中略）別に澁團扇の産出また少なからすと云ふ」と書かれている。この越生の団扇は、柄と肩竹を交差させた強靭なつくりで一文字団扇と呼ばれ、強い風を起こすことができた。

夏の暑さをしのぐ団扇は今でも便利な品物であるが、ガスコンロが普及する以前は、各家庭の炭の火起しとして重宝された。そのため明治初期は年間42万本、１９１１（明治44）年には２４０万本を生産したという。

越生町に住んでいる友人は、「１９５５（昭和30）年頃は、町の諸所から絹を織る機織の工場の音が聞こえた。団扇の製造に携わる家は10軒以上あって、貼り上がった団扇を干している光景が見られた」と語った。

しかし１９６０年代の高度成長期になると人手不足や扇風機の普及などで団扇の生産は減少の一途をたどっていく。全盛期に50軒あった団扇の工房は、現在「うちわ工房しまの」１軒だけになり、５代目当主の島野博行氏が伝統を引き継いでいる。

団扇の材料は、外秩父の一帯の産地に自生している真竹である。越生では黒山地区や梅園地区の真竹を使用した。この真竹を12月から１月に切り出し、切りそろえた竹を束ねて、１週間から10日間水につける。その後の工程は、昔は分業だったが、今は完成まですべて一人で行なう。熟練を要するのは竹から「ほさき」の部分を小刀で裂いてゆく作業である。その竹の骨組みを祖父の代までは川島町の藺草《いぐさ》のひもで編み、現在は紙ひもで編んでいる。そして東秩父村と小川町の和紙（細川紙）を貼って、柿渋を塗る。

現在「うちわ工房しまの」では、越生団扇づくり体験会を各地で開催している。ほかにも押し花や錦絵、和手ぬぐいを使った団扇を新たに作り出して好評を得ている。ちなみに『岩波写真文庫　埼玉県』（1955年）には越生の団扇づくりの様子が写されているが、島野家の先代の作業風景だという。

団扇づくりが盛んだった頃、1952年には越生町の黒山三滝が県立自然公園に指定され、地元ではうちわ祭が行なわれた。当時は外国人がバスで見学に来て、見事な伝統工芸の技に感動していたという。最近は日本への外国人観光客が急増している。越生の団扇も土産品としての需要増が期待される。

越生の一文字団扇（うちわ工房しまの）

●●●●●●●

地質・地形・文化・祭りなど

秩父の魅力を再発見

●●●●●●●

秩父地方では秩父夜祭だけでなく毎月どこかで花火が打ち上げられ、祭りが行われているという。そのため観光客が殺到すると道が混雑するのだが、最近は皆野寄居有料道路が延伸して秩父市内や小鹿野町方面への交通が良くなった。西武鉄道も秩父の観光開発に力を入れている。そこで秩父地方の1市（秩父）4町（長瀞《ながとろ》、皆野、小鹿野、横瀬）の魅力をまとめてみた。

大地の遺産を保護活用する

秩父地方の長瀞町を流れる荒川の両岸は、太古の地層がむき出しになっていて、地球内部の営みを知ることができることから「地球の窓」と名づけられている。そのため昔からエドムンド・ナウマンなど多くの地質学者が訪れており「日本地質学発祥の地」とも言われる。

日本列島はかつて大陸の一部であった。およそ2億年前、プレート上の堆積物が大陸側にくっついて日本列島の土台となる岩石が形成される。地下に沈み込んだ岩石は圧力により変成を受けたり、マグマによって熱変成を起こしたりした。たとえば長瀞の結晶片岩は、地下で高い圧力を受けた変成岩である。やがて約２０００万年前頃から大陸が割れ始めると、日本海が形成され、多くの島々が生じた。約１７００万年前の秩父盆地は、そうした島の一つにある浅い海、古秩父湾であった。この古秩父湾は沈降と隆起を繰り返し、約１５００万年前に消滅する。その痕跡が小鹿野町のようばけの堆積地層や、海の中に生息したパレオパラドキシアの化石である。２０１６年、これらの地層と化石群が「古秩父湾堆積層及び海棲哺乳類化石群」として国天然記念物に指定された。

秩父地方は、２０１１年に県内初の日本ジオパークにも認定されている。ジオパークとは「大地を学習する場所」であり、教材としては地形・地質だけでなく、動植物や人間の歴史・伝統・文化まで含まれる。大地の遺産を保護しながら活用し、持続可能な地域振興へとつなげ

結晶片岩が露出している長瀞の岩畳

るのが狙いである。そうしたジオパークの構成要素としては、次のようなものが考えられる。

◆地形・地質を踏まえた札所巡り

人間は自然の力に畏敬の念を持っている。秩父には武甲山を神体とする古い信仰と観音信仰が融合した札所があり、江戸時代には多くの巡礼者が訪れた。多くの札所は自然の地形を巧みに利用して観音霊場の雰囲気を醸し出しており、次のようなところがある。

【四番・金昌寺】境内には千体を超える石仏がある。この石像の素材は凝灰岩で適度に柔らかく、ひびが入りにくい。【十九番・龍石寺】境内一面が固い大きな砂岩となっている。【二十八番・橋立寺】背後に70mの石灰岩の岩壁が切り立ち、観音堂に覆いかぶさるような迫力がある。【三十一番・観音院】仁王門をくぐ

石灰岩の岩壁が迫る橋立観音

り２９６段の石段を登ったところにある観音堂は三方を崖で囲まれている。礫質砂岩の崖である。【三十二番・法性寺】懸崖造りの観音堂の裏手は砂岩の崖がせまり、表面には選択浸食をうけたハチの巣状の穴「タフォニ」がある。これらの札所を歩きながら堂々たる武甲山を眺めると、聖なる山と人々が見なしてきたことも理解できる。

◆武甲山と秩父鉱山

秩父のシンボルである武甲山は北側斜面が石灰岩からなり、セメントの原料として明治時代から採掘されてきた。そのため市街から見ると山肌が削られピラミッドのようである。山頂も約30m低くなり、現在は標高１３０４ｍである。石灰岩はかつて海の底に堆積したサンゴの遺骸や貝殻などが原料となってできた、ほぼ純粋な炭酸カルシュウムからなる岩石である。秩父の産業はこの石灰岩の採掘、加工、運搬に大きくかかわってきた。そして奥秩父には日本でも有数の秩父鉱山があった。地下から上昇したマグマと石灰岩が接触して変成したスカルン鉱床で、１４０種類もの鉱物を産出していた。鉱山は１９６０年代後半まで栄え、最盛期は４０００人が暮らしていた。現在は結晶質石灰岩のみ採掘が続けられている。

◆河岸段丘のある町

秩父夜祭のクライマックスは、巨大な曳山がお花畑駅南の団子坂を駆け上がる場面である。

坂の高低差が約４～５ｍあるので、笠鉾や屋台を引き上げるには多くの引手が必要である。じつはこの坂は荒川が形成した河岸段丘の崖である。

　今から１８０万年前に人類の祖先が出現してから氷河期と温暖な間氷期が交互に訪れた。海水面が変動することで、河川の浸食作用が変化し、それまでの河床が取り残されて階段状の地形が作られた。これが河岸段丘である。しかも秩父盆地は隆起し続けており、それが段丘を発達させる要因となっている。秩父盆地の河岸段丘は、高位段丘（尾田蒔丘陵）、中位段丘（羊山丘陵）、下位段丘（市街地）の３つに大きく分けられる。段丘面はもともと河床面なので礫を含む。そのため石が多く畑としては耕しにくいが、桑畑に適しているため養蚕業が発達し、秩父の発展につながった。

羊山丘陵の一角にある公園から武甲山を望む

◆秩父銘仙と荒川

山に囲まれ田が少ない秩父地域だが、かつては養蚕が主要な産業であった。その繭から絹糸、織物を一貫して生産し、作られたのが秩父銘仙である。秩父銘仙は価格が比較的安価で着物文化に大いに貢献してきた。その冴えた色彩とつやを出すためには、よい染料と染色に適した水、そして織り上がった布を十分に晒すための水が不可欠であった。そうした大量の水を供給したのが荒川とその支流の清流だった。秩父銘仙は荒川の水が支えたともいえる。

◆文化遺産でもある秩父の祭り

秩父で最大のイベントは12月2日と3日に行われる秩父夜祭である。かつては絹大市が開かれ「お蚕祭り」とも呼ばれた。豪華な笠鉾や屋台は当時の繁栄を物語っている。２０１７年には、秩父祭りの屋台行事と神楽がユネスコ無形文化遺産に登録された。

祭りの行なわれる秩父神社は知知夫彦命を祭神としているが、中世から江戸末期にかけては妙見菩薩を祀る「妙見社」であった。その名残を秩父夜祭の神事に見ることができる。秩父神社を出発した神幸祭の行列は団子坂を上り、御旅所に着くと神輿が安置され、大幣束が斎場の「亀の子石」に立てられる。これは、北極星と北斗七星を祭る神の降臨を促す妙見信仰の儀式である。妙見信仰は秩父氏によってもたらされたと言われ、北斗七星の第7星は戦勝祈願と結びついて武士の信仰を集めていた（この信仰は渡来人との関係も推測されている）。

ほかにも武士の信仰と結びついたのが板石塔婆という板碑である。浄土教との関わりで鎌倉時代から戦国時代まで県内各地でさかんにつくられ、その原材料となる緑泥片岩は長瀞町や小川町から産出された。ちなみに秩父氏の流れをくむ強力な武家集団からは武蔵七党が生まれ、鎌倉幕府の成立に貢献している。

もうひとつ秩父地方の祭りといえば、2018年に国の重要無形民俗文化財に指定された「秩父吉田町の龍勢」がある。「龍勢」とは長さ18mの青竹に火薬を詰めた筒を結び付け、櫓から発射する手作りロケットのことである。10月の第2日曜日、椋《むく》神社の境内で龍勢を作る各流派の口上が述べられた後、山すそから秋空に向かって打ち上げられる。白煙をあげながら飛翔する姿は一見に値する。

秩父夜祭の神事で使用される御旅所の亀の子石

◆オオカミ信仰の生まれる風土

秩父三社（三峰神社、秩父神社、宝登山神社）の発行する護符は共通してオオカミである。この神社と密接な関係にある21の神社も同様の護符を発行している。かつて群れを成して広範囲に移動したオオカミは秩父地方の生態系の頂点に立っていた。山村に暮らす人々にとって、里の農作物を荒らすイノシシやシカを捕えるオオカミは「オイヌさま」と呼ばれ崇められる対象だった。残念ながらオオカミが日本から絶滅して、今は野生動物の被害に苦慮している状況である。

秩父の地域づくりと学校教育

日本の学校教育は学習指導要領により全国一定の教育水準が維持されていて学力水準も高い。しかし身近な地域の学習がややおろそかにされている。新学習指導要領では、グローバル化が進行する世界の中で活躍するために、知識、理解をもとにした思考力・判断力・表現力の育成を求めている。そのため学校教育では探求的な取り組みが重要視されており、博物館の教育資源を利用した連携が進められている。幸い秩父地域の児童生徒にとっては秩父ジオパークが博物館である。ジオパークを構成する様々な分野を児童生徒が調査・発表することにより、思考力や郷土に対する理解が深まる。その成果を活用し、観光客にもガイドできるとよい。今後はこのような子どもたちの活躍が地域を元気にすることだろう。

おわりに

私は高校教師として『荒川総合調査報告書　3』（1988年）、『中川総合調査報告書　1』（1993年）、『ときがわ町史』（1999年）などの地域研究にかかわらせていただいた。また、職場の転勤もあり埼玉の地域について、東西南北の特色に関心を持っていた。

そうしたこともあって退職後の2010（平成22）年、新春から埼玉新聞紙上で「埼玉の風土」という連載記事を23回にわたって書くことになった。担当記者に手直ししていただきテーマについて簡潔にまとめることができた。

連載の最後の方は息切れしてしまったが、そのころから地理教師としての今までの地域研究をまとめて一冊の本を刊行したいという夢を持ってきた。ある人からは「テーマが50ほどあれば出版できますよ」とも言われた。以来9年を経過した。

この間、立正大学地球環境学部で地域文化論を教える中で、地域調査のテーマも増えた。地域の教材を使用して、グローバルな視点とローカルな視点から地域を見る見方を指導してきた。信濃教育の実践者として有名な三沢勝衛氏は長野の地域を対象に多くの論文を発表している。地域の自然を通して地域の見方・考え方を教えたのである。彼の教え子から多くの研究者が育っている。

地域の理解に地理的視点は大切である。最近では、ＮＨＫの番組「ブラタモリ」が人気である。番組構成は地図を使って過去と比較したり、地形の成り立ちを推論したりする地理的なアプローチである。現地を歩いて地物を見ながら発見する学びは、活字で知るのとは異なり、感動があり理解も深まる。作家井上ひさし氏は「歴史は地理にかなわない」といったことがある。地理は空間だけでなく時間も対象にした学問だからである。

最後に、資料提供や構成についてご指導いただいた、さわらび舎の温井さんに深く感謝申し上げます。また、新しい元号の始まりに出版できたことは私の人生にとって大きな記念となりました。

菊池建太

初出一覧

本書収録にあたり、改題、加筆修正しました。

第１章　埼玉の気候・気象

・冬季の冷え込みを利用したエコ産業　長瀞の天然氷　「埼玉新聞」２０１０年１月18日
・国内最高気温を二度も更新　なぜ暑い　熊谷の夏　「埼玉新聞」２０１０年７月28日
・強風域で暮らす工夫　中川流域の防風垣　「埼玉新聞」２０１０年２月１日
・海のない内陸で生まれた　加須市志多見の河畔砂丘　「埼玉新聞」２０１０年２月22日

第２章　埼玉の農林業

・日本農業遺産認定　落ち葉堆肥で作る川越いも　「埼玉新聞」２０１０年９月22日
・４００年以上つづく栽培地　北限にあるみかん園　「埼玉新聞」２０１０年１月11日
・埼玉の食文化の基礎　小麦とうどん　「埼玉新聞」２０１０年８月４日
・北限の茶の産地　甘く濃厚な狭山茶　「埼玉新聞」２０１０年３月22日
・特色ある果物栽培　イチゴ　「埼玉新聞」２０１０年３月15日
・新しいブランドの開発　移り変わる養蚕業　「埼玉新聞」２０１０年８月11日

第３章　埼玉の自然災害と防災

・電柱に記された洪水時水位　カスリーン台風の記録　「埼玉新聞」２０１０年９月１日
・洪水地域での自主防災　水害の記憶を残す水塚　「埼玉新聞」２０１０年８月25日

第４章　埼玉の水資源と産業

・橋が織りなす町の風景　元荒川の親水空間　「埼玉新聞」２０１０年３月１日
・久喜菖蒲工業団地　クリーク地帯の変貌　「埼玉新聞」２０１０年３月８日

第５章　埼玉の地域おこし　まちづくり

・彼岸花が赤く彩る　渡来人の歴史の里　巾着田　「埼玉新聞」２０１０年９月15日

参考文献・資料

【第1章】『荒川 自然1 荒川総合調査報告書』（埼玉県）／「アツいまち」サミット発表資料（平成28年8月）／『小気候』吉野正敏（地人書館）／『中川水系 総論・自然 中川水系総合調査報告書1』（埼玉県）／『埼玉の自然をたずねて【改訂版】』堀口萬吉（築地書館）／『吹上町史』吹上町史編さん会（吹上町）／『気候地名集成』吉野正敏（古今書院）／『さいたまの地名』韮塚一三郎・博報堂（埼玉県県民部県民文化課）／「地理 54巻7号」（天然氷と風穴）（古今書院）

【第2章】「2018年 埼玉の食料・農林業・農山村」（埼玉県農林部）／「埼玉県比企郡小川町における有機農業の展開過程」小口広太／「農中総研 調査と情報 第69号」堀内芳彦（農林中金総合研究所）／『三富新田の開拓』（三芳町立歴史民俗資料館）／『小麦の里熊谷』（熊谷市農業振興課）／『埼玉県の諸職』（埼玉県教育委員会）／「埼玉新聞」（昭和27年2月6日）／『狭山茶の歴史と現在』（入間博物館）／『利根の瀬音』石原政雄（埼玉県立熊谷図書館）／「埼玉地理 第38・39号」（高齢期離職就農者による果樹産地形成の背景と意義）岡部由佳（埼玉地理学会）／「日本絹の里紀要 第11号」狩野寿作・近達也（日本絹の里）

【第3章】『埼玉県の気象災害 昭和45年3月』（熊谷地方気象台）／『川島郷土史』（川島村郷土研究会）／「利根事業概要2017」利根川上流河川事務所／『埼玉縣水害誌附録寫眞帳』（埼玉県）／『埼葛・北埼玉の水塚』（東部地区文化財担当者会）／『流域環境を科学する』高村弘毅（古今書院）／『和船調査報告書』（川島町教育委員会）／『日本の自然と土地利用Ⅲ 関東』（社団法人全国国土調査協会）／『鴻巣市史 資料編7 近・現代3』鴻巣市市史編さん調査会（鴻巣市）／『小川町の自然 地質編』（小川町）

【第4章】『埼玉県の河川』（埼玉県県土整備部河川砂防課・水辺再生課）／『荒川ものがたり』元木靖（国土交通省荒川上流工事事務所）／「川・水・橋から探る吹上町の歴史」（コスモス大学校第十六期生）／「文星紀要 第29号」（埼玉県の湧水・井戸等の水質特性）島野安雄・藪崎志穂（文星芸術大学）／「湧水代官水」パンフレット（朝霞市博物館内文化財課）／「埼玉地理 第18号」（埼玉県比企丘陵におけるため池分布）新井浩（埼玉地理学会）／『埼玉の地酒』（埼玉県酒造組合）／『日本の名酒事典』（講談社）／『重要無形文化財細川紙・ユネスコ無形文化遺産・日本の手漉き和紙技術』（東秩父村）

【第5章】『埼玉県の歴史』（山川出版社）／『足袋蔵と行田市の近代化遺産』（行田市教育委員会）／『日本遺産 行田』（行田市教育委員会 文化財保護課）／「足袋とくらしの博物館 見学のしおり」／「町並み委員会30周年」（川越市：川越町並み委員会）／『深谷市史 追補篇』（深谷市）／「競進社碑 現代語意訳」中島信彰／「競進社模範蚕室見学のしおり」（本庄市教育委員会）／『木村九蔵先生の遺したもの 競進社から児玉白楊高校へ』（埼玉県立児玉白楊高等学校）／『第11回特別展「横穴墓」』（立正大学博物館）／『越生の団扇』（坂戸高校郷土部誌）／埼玉新聞（2016年6月1日）／『神になったオオカミ』（埼玉県立川の博物館）／『古秩父湾』『秩父鉱山』（埼玉県立自然の博物館）／『やさしいみんなの秩父学』秩父市・秩父商工会議所（さきたま出版会）

【全体】埼玉県・市町村のウェブサイト／国土交通省、気象庁、農林水産省、文化庁、（独法）水資源機構のウェブサイト

菊池建太 *Kikuchi Kenta*

1946年、埼玉県川島町生まれ。東京教育大学理学部卒業、埼玉県立川越高等学校長を経て、現在は立正大学地球環境学部非常勤講師。埼玉地理学会会員。著書に『天然氷の歴史と今―究極のエコロジー産業をおって―』(2006年)など。

埼玉の風土がよくわかる本

やさしく学ぶ埼玉地域文化論

2019年6月15日　第1刷発行

著　者　　菊池建太
発行所　　さわらび舎
〒335-0003　埼玉県蕨市南町3-2-6-701
tel/fax 050-3588-6458
mail@sawarabisha.com
装丁・組版　草薙伸行(Planet Plan Design Works)
印刷・製本　株式会社エーヴィスシステムズ

ISBN 978-4-9908630-6-7